La Pâtisserie des Sorciers

REMERCIEMENTS

Parce que ce deuxième tome des recettes des sorciers
ne serait pas ce qu'il est sans eux, je tiens à remercier :

Didier, qui a rendu possible cette nouvelle aventure ;
Marjorie, ô combien précieuse assistante éditoriale, qui a su répondre à mes nombreuses interrogations et qui a réussi l'exploit de gérer à la fois l'arrivée des textes, les étourderies de l'auteure et les événements impondérables sans jamais perdre de son sourire ni de sa gentillesse ;
Lucia et Sylvie, correctrices éclairées qui ont traqué sans relâche coquilles, doubles consonnes et tournures fantaisistes ;
tous ceux qui ont apporté à cet ouvrage leur savoir-faire et leur talent :
Anne, Vincent et Maëlle pour les photographies et le stylisme,
Amélie et Éloïse pour la maquette et les illustrations ;
Liguori pour son aide et sa créativité ;
les équipes de France Bleu Armorique et de Radio-Canada
qui m'accueillent si chaleureusement sur leurs ondes ;
ma maman pour son soutien inconditionnel ;
Estelle, pour son amitié et ses litres de thé ;
les anciens membres de l'équipage... et les nouveaux ;
Cyril, pour tout ce qu'il sait... ou pas !

Ce livre est particulièrement dédié à
« Kristen, Théodore, Ève, Jean, Lana et Benjamin, joyeuses associations de malfaiteurs »,
« Emily, mon rayon de soleil, Héloïse, mon étoile polaire ».

AURÉLIA BEAUPOMMIER

La Pâtisserie des Sorciers

et autres desserts fantastiques

Photographies : Anne Bergeron
Stylisme : Vincent Amiel

SOLAR
EDITIONS

« LIVRE ! OUVRE-TOI... »

À LA TABLE DES SORCIERS

MON WHO'S WHO DES SORCIERS

ALICE AU PAYS DES MERVEILLES

Il était une fois une petite fille nommée Alice qui s'ennuyait, quand un lapin blanc vint à passer auprès d'elle en courant. Alice le suivit dans un trou et dégringola à la rencontre du pays des Merveilles... Ainsi commence l'une des histoires les plus merveilleuses de tous les temps. Écrite par Lewis Carroll pour son amie Alice Liddell en 1865, cette histoire regorge de fantaisie, d'extravagance et de personnages inoubliables tels le chat du Cheshire, la chenille bleue et le Chapelier fou.

▸ *Recettes pages 21, 39, 40, 87, 112 et 161.*

LES ANIMAUX FANTASTIQUES

Sorcier issu de l'univers de J. K. Rowling, Norbert Dragonneau est un spécialiste des animaux fantastiques. Voyageant par monts et par vaux au début du XXe siècle afin de répertorier les créatures magiques, il fait une halte à New York lorsque plusieurs animaux s'échappent provoquant nombre de catastrophes. Dans le même temps, l'un des plus puissants sorciers du monde magique, vise à dominer le monde des humains. Tandis que les non-magiciens ont peur et que les sorciers s'interrogent, Norbert et ses amis se retrouvent seuls à contrer le redoutable.

▸ *Recettes pages 115 et 164.*

LE FORÊT DE BROCÉLIANDE

Nichée au cœur de la Bretagne, Brocéliande remonte à des temps immémoriaux. Forêt de légendes, elle abrite, dit-on, les amours de Merlin et de Viviane et les rancœurs de la fée Morgane. On peut s'y promener sans y croiser un écureuil, ou y errer cent ans, y voir un arbre d'or ou une épée jaillir des flots. Ys, capitale de Cornouaille était autrefois une ville prospère, mais un beau jour les clés des portes la protégeant des flots furent volées. La mer inonda la cité et l'engloutit. La princesse Dahut, protectrice des lieux, refusa de quitter ses murs, se changeant aussitôt en sirène, continuant de veiller sur les habitants de la baie de Douarnenez.

▸ *Recettes pages 120 et 123.*

LA BOUSSOLE D'OR

La Boussole d'or est l'adaptation cinématographique de la trilogie *À la croisée des mondes*, de Philip Pullman.
Lyra Belacqua est orpheline – ou tout du moins le croit-elle – et grandit dans un collège londonien où parfois son oncle, lord Asriel, et sa tante, Marisa Coulter, lui rendent visite. La découverte de la Poussière et l'enlèvement de son meilleur ami Roger bouleversent son existence. Accompagnée de Pantalaimon, son inséparable dæmon, et munie de l'aléthiomètre (Boussole d'or indiquant la vérité), elle se lance à la recherche de Roger.

▸ *Recettes pages 91 et 109.*

L'ANNEAU DES NIBELUNGEN

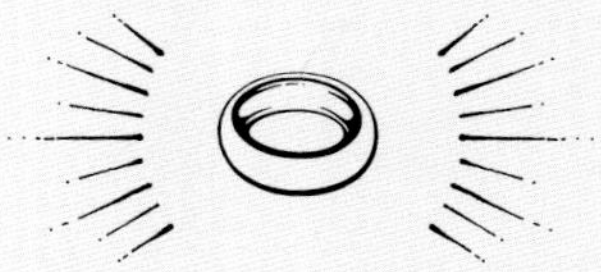

Légende scandinave et germanique, *L'Anneau des Nibelungen* rapporte les aventures de Sigurd-Siegfried, intrépide Viking ou preux chevalier, selon les époques. Vainqueur du dragon Fáfnir, il devient l'invulnérable porteur de l'anneau magique forgé par les nains. Mais Siegfried n'écoute pas leurs avertissements : l'anneau est maudit et attise les convoitises des humains les menant à leur perte. Ce mythe a inspiré Richard Wagner pour son opéra *L'Anneau du Nibelung*, ainsi qu'un certain J. R. R. Tolkien pour *Le Hobbit* et *Le Seigneur des Anneaux*...

▸ *Recette page 116.*

BABA YAGA

Personnage des contes slaves, Baba Yaga sait tout, voit tout. Comment la reconnaître ? Rien de plus facile ! Elle est un jour une vieille sorcière acariâtre, le lendemain, une charmante jeune femme. Elle vieillit chaque fois qu'on lui pose une question mais rajeunit en buvant une décoction de roses bleues. Baba Yaga demeure dans une isba posée sur deux pattes de poulet, qui la mène là où elle le désire, voyage accroupie dans une bouilloire magique, mais prend soin d'effacer ses traces à l'aide d'un balai de bouleau argenté. Seul un vent tourbillonnant trahit sa présence.

▸ *Recette page 118.*

CASSE-NOISETTE

Une histoire inspirée d'Alexandre Dumas, une musique composée par Piotr Tchaïkovski, et vous voici emporté par l'un des plus beaux ballets au monde ! Un soir de Noël, son parrain Drosselmeyer offre à Clara un magnifique casse-noisette en bois. Mais lorsque minuit sonne, les jouets prennent vie et le pantin se transforme en prince. Clara pénètre alors au royaume de Confiturembourg et découvre ses habitants et ses merveilles : la fée Dragée et le prince Orgeat, les valses de flocons et de fleurs...

▸ *Recettes pages 46,85 et 124.*

CHARLIE ET LA CHOCOLATERIE

Charlie Bucket est un modeste garçon qui grandit auprès de sa famille dans une minuscule maison. Le jour où la fabrique de dentifrice où travaille son papa ferme, la misère guette toute la famille. Au même moment, Willy Wonka, le plus grand et imaginatif des chocolatiers du monde, lance un concours : cinq tickets d'or sont dissimulés dans les confiseries Wonka ; ceux qui les trouveront pourront pénétrer dans l'usine de confiseries... Contre toute attente, Charlie trouve le dernier ticket d'or. Accompagné par grand-papa Joe, il participe à une aventure extraordinaire...
Ce classique de la littérature jeunesse a été écrit en 1964 par Roald Dahl.

▸ *Recettes pages 23, 24 et 169.*

CHARMED

Diffusée entre 1998 et 2006, la série *Charmed* relate les aventures de trois sœurs, Prue, Piper et Phoebe Halliwell, rejointes par Paige, quatrième sœur découverte au cours de leurs aventures ; dans leur maison de San Francisco. Un beau jour, Phoebe trouve un grimoire et lit une formule qui active des pouvoirs jusque-là inconnus : les trois sœurs découvrent alors qu'elles sont les héritières d'une puissante lignée de sorcières. Chacune d'entre elles va devoir apprendre à utiliser ses dons, à jongler entre grimoire et vie moderne, pour combattre les forces maléfiques qui rôdent et cherchent à s'emparer de leurs pouvoirs... Leurs recettes préférées s'inspirent de l'halloween à l'américaine mettant la citrouille en vedette.

▸ *Recettes pages 59, 60, 63.*

CŒUR D'ENCRE

Mortimer (Mo) est une « langue magique », car il a le pouvoir de faire venir dans notre monde les héros des histoires qu'il lit. Formidable, me direz-vous ! Eh bien, pas tant que cela, car pour chaque personnage qui pénètre dans notre monde, c'est l'un des nôtres qui entre dans l'histoire. C'est ce qui est arrivé à Resa, épouse de Mo et mère de Meggie, et à Doigts de Poussière. Depuis, Mo et Meggie parcourent le monde à la recherche de ce fameux livre *Cœur d'encre* qui leur permettra, espèrent-ils, de ramener Resa parmi nous. Mais c'est sans compter sur l'infâme Capricorne qui est bien décidé à inonder notre univers des pires créatures !

▸ *Recette page 22.*

FINAL FANTASY

Mondialement connue dans l'univers du jeu vidéo, la série *Final Fantasy* est à mettre à l'initiative de Hironobu Sakaguchi. Elle est produite par Square Enix. Proposé sur de nombreuses consoles de différentes générations, le jeu a toujours eu une longueur d'avance au niveau du graphisme, ce qui a sans doute contribué à la réussite de son adaptation sur grand écran !

▸ *Recette page 157.*

LES GARENNES DE WATERSHIP DOWN

Fyveer est un jeune lapin qui possède des dons de voyance. Pressentant la destruction de sa garenne, son frère Hazel et lui tentent de convaincre Maître Lapin de quitter les lieux, mais celui-ci refuse. Hazel et Fyveer partent alors en compagnie d'un petit groupe à la recherche d'un nouveau foyer « vu » par Fyveer : les garennes de Watership Down. Parcourant monts et vallées, affrontant de terribles dangers et rencontrant de nouveaux amis, les courageux lapins atteindront-ils les garennes ? Loin d'être une simple histoire d'animaux, l'ouvrage de Richard George Adams est un roman épique alliant poésie, mythologie et aventures à des héros d'envergure. L'un des romans les plus appréciés au monde, il a donné lieu à de nombreuses adaptations.

▸ *Recette page 150.*

DONJONS & DRAGONS

Jeu de rôle sur plateau, puis adapté en jeux vidéo et en films, l'univers de Donjons & Dragons a aussi inspiré nombre de romans de fantasy. Les héros incarnés par les joueurs évoluent dans des univers médiévaux-fantastiques où ils poursuivent des quêtes, résolvent des énigmes, déjouent des complots ou font face aux malédictions pesant sur eux. Les personnages appartiennent à diverses races (elfes, nains...), ont des occupations variées (voleurs, guerriers...), mais surtout sont dotés de caractères allant de très bons à totalement malfaisants. Ainsi, leurs actions et leurs expériences ont des répercussions différentes et influent sur le déroulement du jeu.

▸ *Recettes pages 27, 51 et 127.*

ERAGON

Il était une fois un jeune garçon orphelin nommé Eragon qui vivait avec son oncle et son cousin dans la ferme familiale. Le monde semblait loin et les jours s'écoulaient au fil des saisons. Jusqu'à ce qu'Eragon trouve un œuf étrange et bleu d'où sortit bientôt... un bébé dragonne ! Nommée Saphira, elle devient la majestueuse et puissante amie d'Eragon qui se retrouve à apprendre comment devenir dragonnier auprès de Brom, le mystérieux conteur du village. Mais les forces du mal veillent et le tyran Galbatorix lance ses troupes à la recherche de Saphira, dernière dragonne vivante. Contraint de quitter son village, Eragon se trouve mêlé à une lutte sans merci aux côtés des peuples libres, des nains et des elfes contre l'impitoyable Galbatorix.

▸ *Recettes pages 28, 95 et 96.*

GHOSTBUSTERS

Ghostbusters est un film américain de 1984, réalisé par Ivan Reitman. L'histoire des chasseurs de fantômes a connu un immense succès international tant au cinéma – un box-office fantasmagorique, deux suites, des distinctions pour ses effets spéciaux et son générique culte, des castings de rêve (de Bill Murray à Chris Hemsworth, de Sigourney Weaver à Erin Murphy) – que grâce à une multitude de produits dérivés. Scientifiques plus ou moins loufoques armés d'ioniseurs protoniques à flux inversables, de combinaisons et d'une voiture devenue légendaire, les ghostbusters combattent des entités ectoplasmiques qui envahissent New York.

▸ *Recettes pages 53 et 54.*

GREMLINS

Ah, les joies de Noël dans une petite ville paisible du fin fond des États-Unis... Jusqu'à ce que le père de Billy lui ramène une mignonne petite créature en guise de cadeau : Gizmo le mogwaï. Les mogwaïs sont d'adorables compagnons... sauf si vous les mouillez, les nourrissez après minuit ou les exposez à une lumière vive. Ils se transforment alors en terribles gremlins, se multiplient et deviennent des créatures dévastatrices, désordonnées et complètement loufoques. Quand, quelques années plus tard – épisode raconté dans la suite du célèbre film –, Gizmo et Billy se retrouvent dans le building le plus moderne de New York, la tour Clamp, le petit mogwaï est mouillé, et c'est ainsi que les gremlins partent à la conquête de la tour.

▸ *Recettes pages 57 et 99.*

LE GRINCH

À Chouville, tout le monde aime Noël et rivalise de créativité pour rendre la fête exceptionnelle chaque année. Tout le monde ou presque, car le Grinch – sorte de croquemitaine vert et poilu –, lui, déteste Noël. Il le déteste tellement qu'une année il décide de voler la fête ! Adapté pour le grand écran en 1956, puis en 2000, le livre *Le Grincheux qui voulait gâcher Noël* de Theodor Seuss Geisel sera de nouveau au cinéma pour fêter Noël 2018… à sa manière !

▸ *Recettes pages 73 et 186.*

KAAMELOTT

Le Merlin de la série télévisée *Kaamelott* d'Alexandre Astier est l'enchanteur officiel du royaume. Très doué lorsqu'il s'agit de provoquer une catastrophe, il crée souvent plus de problèmes qu'il n'en résout. Son grand rival est le mage Élias et leurs empoignades sont en passe de devenir légendaires. Susceptible et boudeur, Merlin justifie ses douteuses et aléatoires qualités de magicien en disant qu'il n'est réellement efficace que dans une forêt. Il lui arrive tout de même par hasard de réaliser des potions efficaces. ▸ *Recette page 121.*

KIKI LA PETITE SORCIÈRE

Kiki la petite sorcière est un film d'animation japonais créé par Hayao Miyazaki et produit par le studio Ghibli en 1989. Le film, dont l'histoire est adaptée d'un livre pour enfants, a obtenu plusieurs distinctions et fut salué par les critiques du monde entier. Le succès du film a pérennisé l'avenir du studio Ghibli.

▸ *Recette page 155.*

HARRY POTTER

Série de romans écrits par J. K. Rowling et adaptés au cinéma, la saga *Harry Potter* raconte les aventures d'un jeune garçon orphelin qui, un beau jour, découvre non seulement qu'il est doté de pouvoirs magiques – un monde, celui de la sorcellerie, dont il ignorait jusque-là l'existence –, mais aussi qu'il est l'élu attendu par les sorciers pour vaincre le plus puissant mage noir de tous les temps, assassin de ses parents, lord Voldemort. Au sein de l'école de Poudlard, il apprend la magie et forme, avec ses amis Ron Weasley et Hermione Granger, un trio inséparable aussi bien lorsqu'il s'agit de plaisanter avec le débonnaire directeur Albus Dumbledore que de se rendre aux cours de potions du ténébreux professeur Severus Rogue.

▸ *Recettes pages 42, 88 et 163 et 167.*

LEGEND

Dans un royaume fleuri et prospère, vivent la princesse Lily et son ami Jack, protecteur de la forêt et ami des elfes. Par une belle journée de printemps, Jack emmène Lily contempler les licornes. Hélas, au même moment Darkness, prince des Ténèbres, lance ses kobolds à la poursuite des animaux sacrés, car tant que les licornes parcourent la Terre les Ténèbres ne peuvent y subsister. Jack et Lily se voient alors contraints de voler au secours de la dernière licorne, au péril de leurs vies. Ridley Scott, des acteurs d'envergure (Tom Cruise, Tim Curry…), une histoire intemporelle et envoûtante et des décors magnifiques, ce film sorti en 1985 possède un charme et une beauté un peu surannés qui en font aujourd'hui l'un des plus grands classiques d'heroic fantasy.

▸ *Recettes pages 102 et 133.*

L'HISTOIRE SANS FIN

Adapté d'un roman de Michael Ende publié en 1979, le film *L'Histoire sans fin* nous plonge avec le jeune héros Bastien dans la lecture passionnante d'un livre qu'il a dérobé à la librairie, et dont il devient progressivement le héros. Cette épopée extraordinaire, dans laquelle un jeune lecteur solitaire et mal dans sa peau est amené à ramener à la vie le monde de Fantasia en redonnant un nom à son impératrice, fut à l'époque le film le plus cher jamais produit en Allemagne, et il fit rêver de nombreux spectateurs, petits et grands.

▸ *Recette page 69.*

LE HOBBIT

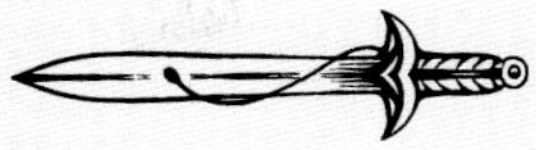

Entendons-nous bien, Bilbo coulait des jours heureux dans sa maison de Cul-de-Sac, des jours paisibles sans aucune aventure de nulle sorte, une vraie vie de hobbit respectable... jusqu'à ce qu'il croise la route de Gandalf, le magicien gris. Le lendemain, treize nains s'invitent à sa table pour prendre le thé, parlent d'un royaume perdu, de montagnes lointaines, de forêt peuplés d'elfes, et, et... Et c'est ainsi que Bilbo quitte la Comté – sans mouchoir ! – pour vivre la plus formidable des aventures, croisant la route de trolls, de Smaug le dragon et d'un certain anneau de pouvoir... N'ayez crainte cependant, Bilbo rentrera chez lui et, quelques années plus tard, il fêtera dignement ses 111 ans lors d'une fête restée célèbre dans bien des mémoires !

▸ *Recettes pages 101, 129, 130 et 131.*

LA LIGUE DES GENTLEMEN EXTRAORDINAIRES

Imaginez une aventure dans laquelle l'Homme invisible, Tom Sawyer, le capitaine Nemo (*Vingt mille lieues sous les mers*), Allan Quatermain (*Les Mines du roi Salomon*), Mina Harker (*Dracula*), Dorian Grey, le Dr Jekyll – sans oublier M. Hyde – seraient les héros. Quel méchant pourrait être à la hauteur de personnages si exceptionnels sinon le redoutable « Fantôme », *alias* professeur James Moriarty (*Sherlock Holmes*) ? Et si, en plus, Allan Quatermain est incarné par Sean Connery... faut-il vraiment en dire plus ? Je vous invite à déguster le film... à moins que vous ne préfériez savourer les comics ?

▸ *Recettes pages 150, 175 et 176.*

MACBETH

Cette pièce de théâtre, l'une des plus célèbres du grand William Shakespeare, raconte l'accession au pouvoir puis la déchéance et la folie de son héros. Briguant le trône après que les sorcières de la lande lui ont prédit qu'il porterait la couronne d'Écosse, Macbeth accueille le roi Duncan sous son toit et le poignarde. Tenaillé par la peur et le remords, et bientôt la folie, il commande alors les assassinats de ceux qui lui semblent être en mesure de s'opposer à son pouvoir, se retrouvant pris dans un engrenage qui lui sera fatal. À la fin de l'intrigue, les prédictions des sorcières auront été réalisées...

▸ *Recette page 135.*

MAGIC

Magic, aussi connu sous le nom de *Magic : l'assemblée* (*Magic: The Gathering*), est un jeu de cartes fantastiques à jouer et à collectionner, inventé par Richard Garfield en 1993 et édité par Wizards of the Coast. Il existe plus de 17 000 cartes différentes catégorisées par la couleur de leur mana, à travers lesquelles un joueur doit composer son deck pour se confronter à un adversaire. Des tournois ont lieu dans le monde entier, dont certains permettent de gagner plusieurs milliers de dollars et certaines cartes rares se vendent à des prix très élevés.

▸ *Recette page 65.*

MISS PEREGRINE ET LES ENFANTS PARTICULIERS

Miss Peregrine tient un orphelinat, dans laquelle les pensionnaires ont des capacités exceptionnelles : Emma flotte dans les airs, Millard est invisible, Fiona contrôle les plantes, etc. Afin de les protéger du monde extérieur, la maison et le jardin sont entourés d'une bulle temporelle, et tous les soirs Miss Peregrine remonte sa montre gousset pour que la journée du 3 septembre 1943 se répète à l'infini. C'est ce que découvre Jacob après avoir exploré les lieux tant décrits dans les histoires que lui racontait son grand-père, ancien pensionnaire de Miss Peregrine. Hélas ! la partie merveilleuse des récits n'est pas la seule à être réelle, et les terribles sépulcreux, qui ont besoin des yeux des enfants particuliers pour survivre, sont bien parmi nous !

▸ *Recettes pages 82 et 178.*

NOSTRADAMUS

Michel de Nostredame, plus connu sous le nom de Nostradamus, était un médecin, apothicaire et astrologue du XVIe siècle. Ce familier de la grande reine Catherine de Médicis, nommé médecin et conseiller du roi, s'intéressa aussi à l'alchimie végétale, notamment aux confitures qui guérissent, et publia en sus de ses autres activités un traité sur ce sujet. Mais, bien entendu, il est passé à la postérité grâce à ses fameuses *Prophéties*, prédictions portant sur la marche du monde pour les siècles à venir.

▸ *Recettes pages 30 et 45.*

PETER PAN

« Il était une fois un petit garçon qui ne voulait pas grandir et se nommait Peter Pan… » Ainsi commencent les histoires que Wendy raconte à ses frères Michael et John lorsque la nuit tombe. Peter Pan demeure au Pays imaginaire, une île peuplée de farouches Indiens et de non moins terribles pirates commandés par le redoutable capitaine Crochet, qui voue à Peter une haine acharnée depuis que sa main a été dévorée par le crocodile. Heureusement, Peter Pan peut compter sur ses inséparables compagnons : la fée Clochette et les enfants perdus. Comment rejoindre les héros créés par sir James Barrie ? Rien de plus simple ! Saupoudrez-vous de poussière de fée, pensez à quelque chose d'agréable, envolez-vous par la fenêtre en direction de la seconde étoile à droite et tout droit jusqu'au matin !

▸ *Recette page 66.*

LE MONDE DE NARNIA

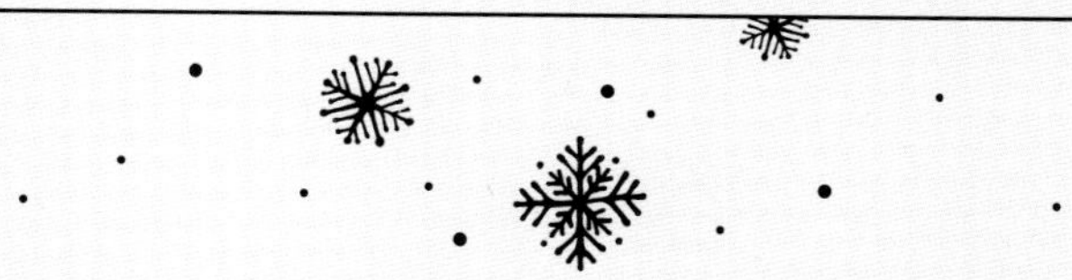

Dans *L'Armoire magique*, le monde de Narnia plie sous le joug de Jadis, plus connue sous le nom de Sorcière Blanche. La terrible magicienne mi-djinn mi-géante a fait en sorte que ce soit « toujours l'hiver et jamais Noël ». Heureusement, bien des êtres luttent contre son pouvoir maléfique : élégants faunes et puissants centaures, mais aussi humbles castors et intrépides filles d'Ève et fils d'Adam. Combattue par Peter, Susan, Edmond et Lucy Pevensie, elle sera vaincue après moult péripéties par Aslan, au terme de la fort célèbre bataille de Beruna, qui verra renaître l'âge d'or du monde de Narnia.

▸ *Recettes pages 64, 136, 139 et 177.*

NICOLAS FLAMEL

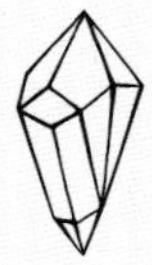

Écrivain, libraire, alchimiste et homme de bien, Nicolas Flamel naquit à Paris vers 1335. Son aisance et sa fortune contribuèrent à diffuser la rumeur qu'il avait résolu le mystère de la transmutation des métaux en or en créant la pierre philosophale. Dans *Harry Potter à l'école des sorciers*, premier tome de la série Harry Potter, la pierre philosophale de Nicolas Flamel permettrait à Voldemort de recouvrer l'intégralité de ses pouvoirs. Aujourd'hui encore, la pierre philosophale attise les convoitises et est au cœur de nombreuses intrigues littéraires ou cinématographiques.

▸ *Recette page 185.*

PIRATES DES CARAÏBES

Adaptation cinématographique de l'attraction imaginée par Walt Disney pour le parc de Disneyland en 1967, la série *Pirates des Caraïbes* raconte les aventures fantastiques et rocambolesques du capitaine Jack Sparrow. Passant du statut de mythe à celui de pirate miteux, de vie à trépas et inversement, le capitaine Sparrow écume les mers à la barre de son légendaire navire, le *Black Pearl*. De la recherche d'un trésor maudit jusqu'à l'affrontement avec le dieu des océans, ce pirate opportuniste et versatile viendra-t-il en aide à ses compagnons Elisabeth Swann, Will Turner et Hector Barbossa ?

▸ *Recette page 76.*

PRINCESS BRIDE

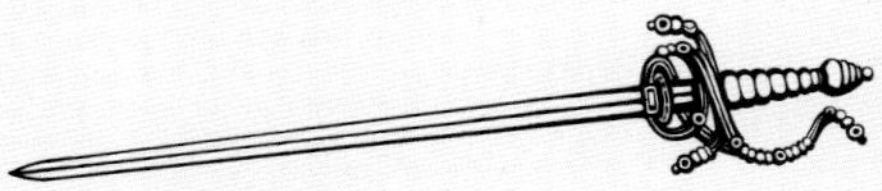

Duels, combats, vengeance, poursuites, évasions, grand amour et miracle... Voilà ce qui vous attend si vous feuilletez *Princess Bride*. Westley, simple valet de ferme, aime Bouton d'or. Un jour, il part faire fortune pour épouser sa belle, mais le bruit court que le navire sur lequel il voyageait a été attaqué par un terrible pirate et il est donné pour mort. Éperdue de chagrin, Bouton d'or ferme son cœur et jure de ne plus jamais aimer. Quelques années plus tard, elle est devenue la plus belle femme du monde et s'apprête à épouser le prince Humperdinck, bien qu'elle ne ressente rien pour lui. Entrent en scène Vizzini, chargé d'enlever et de tuer la princesse, Inigo Montoya, maître d'armes espagnol recherchant celui qui a tué son père, Fezzik, colosse aussi puissant que timide, et l'homme en noir en quête d'une terrible de vengeance...

▸ *Recettes pages 29 et 172.*

SABRINA, L'APPRENTIE SORCIÈRE

Sabrina, l'apprentie sorcière est une série télévisée fantastique américaine créée par Nell Scovell d'après des comics publiés par Archie Comics et composée de 7 saisons pour 163 épisodes diffusés entre 1996 et 2003. Plus tard, trois téléfilms ainsi que des dessins animés et des romans ont poursuivi le grand succès de la série, qui sera de retour en 2018 sur Netflix. Le jour de ses seize ans, Sabrina Spellman apprend qu'elle est une sorcière. Elle est élevée par ses deux tantes célibataires et complètement loufoques, Hilda (l'artiste) et Zelda (la scientifique), et son ami est un chat noir parlant, Salem, qui est en fait un sorcier puni qui doit vivre un siècle dans le corps d'un chat parce qu'il a essayé de conquérir le monde.

▸ *Recette page 152.*

SHREK

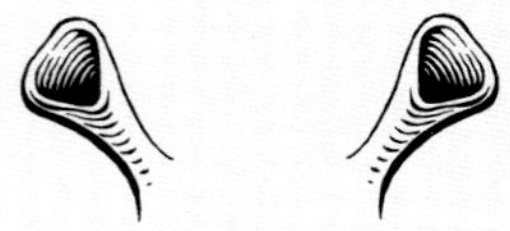

Il était une fois, au pays des contes de fées, un ogre vert nommé Shrek qui vivait tranquillement au cœur de son marais... Jusqu'au jour où lord Farquaad décida de créer un monde parfaitement parfait, vidé de ses créatures bizarres ou incontrôlables... Et c'est ainsi que le paisible marais de Shrek devint le refuge des créatures de nos contes favoris. Flanqué de l'Âne, Shrek partit au château de Lord Farquaad qui lui promit de lui rendre son marais s'il parvenait à délivrer la princesse Fiona, prisonnière dans la plus haute chambre de la plus haute tour du plus haut château. Adapté en une série de quatre films d'animation à l'humour décapant, cet album écrit par William Steig est aujourd'hui entré dans la grande famille des meilleurs livres pour (grands) enfants.

▸ *Recettes pages 70, 107, 143, 145, 146, 181 et 182.*

STRANGER THINGS

Stranger Things est une série télévisée de science-fiction américaine, créée et produite par Matt et Ross Duffer. La série compte à ce jour 2 saisons pour 17 épisodes. Un soir, le jeune Will Byers disparaît sans laisser de traces, hormis son vélo. Plusieurs personnages vont alors tenter de le retrouver : sa mère, ses amis menés par Mike Wheeler et guidés par la mystérieuse Eleven, ainsi que le chef de la police. Parallèlement, la ville est le théâtre de phénomènes surnaturels liés au laboratoire d'Hawkins, dont certaines expériences ne semblent pas étrangères à la disparition de Will. Acclamée par la critique et les téléspectateurs, *Stranger Things* collectionne les distinctions et est devenue l'une des séries les plus populaires de Netflix.

▸ *Recette page 79.*

TARA DUNCAN

Tara'tylanhnem T'al Barmi Ab Santa Ab Maru T'al Duncan, ou plus simplement Tara Duncan, est l'héroïne de la saga littéraire créée par Sophie Audouin-Mamikonian. Adaptée en dessin animé, l'histoire raconte les aventures magico-fantastiques de Tara, jeune fille qui se découvre l'héritière de la plus puissante dynastie de sortceliers (ceux qui savent lier les sorts) de son monde. De son monde ? Mais oui, car bien qu'elle ait grandi en sécurité auprès de sa grand-mère dans le sud-ouest de la France, Tara est originaire d'AutreMonde, univers magique peuplé d'objets aux mystérieux pouvoirs, d'elfes et de dragons, qui recèle de terribles secrets et d'implacables ennemis.

▸ *Recette page 147.*

LES SORCIÈRES DE SALEM

Le procès des « sorcières » de Salem est un épisode particulièrement sombre de l'histoire des États-Unis. En 1692, des adolescentes prétendent avoir été ensorcelées par des habitants du village. Dans un contexte de paranoïa puritaine, les accusations se multiplient rapidement provoquant l'emprisonnement, puis la condamnation, après des simulacres de procès, de plusieurs dizaines de personnes.
Dans un contexte plus léger, Salem est aussi le nom porté par le chat de Sabrina dans la série *Sabrina l'apprentie sorcière*, chat qui, en réalité, est un puissant mage condamné à passer un siècle entier sous la forme féline.

▸ *Recette page 140.*

STARDUST

Wall est un village fort respectable et qui serait bien ordinaire s'il n'était séparé du monde des fées par le mur auquel il doit son nom, mur que l'on ne doit jamais, au grand jamais, franchir. Pour les beaux yeux de Victoria, le jeune Tristan promet un beau soir de ramener à Wall l'étoile filante tombée là-bas, au loin, et passe la brèche... C'est ainsi qu'il se trouve entraîné dans une aventure peuplée de pirates chasseurs d'éclairs, d'une étoile au cœur tendre et au caractère bien trempé, d'une terrible sorcière, de princes redoublant d'astuces pour obtenir le trône et même d'une licorne de passage. Ce roman de Neil Gaiman, adapté au cinéma en 2007, est une petite merveille à conseiller à tous les amateurs de fantasy et d'aventures, petits et grands.

▸ *Recette page 37.*

THE WITCHER

The Witcher est un jeu vidéo de type action-jeu de rôle, développé par CD Projekt et édité par Atari. Sorti en 2008, le jeu a connu deux suites : *The Witcher 2 : Assassins of Kings*, en 2011, et *The Witcher 3 : Wild Hunt*, en 2015. Acclamé par la critique, le jeu figure au top 100 des jeux les plus vendus sur PC (1,2 million d'exemplaires).

▸ *Recette page 171.*

THRILLER

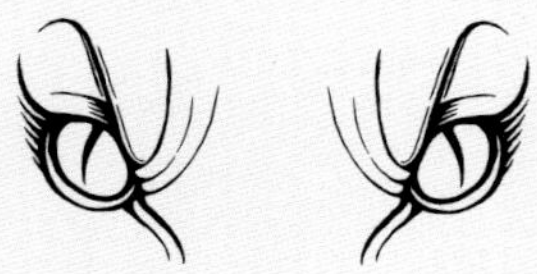

Dans ce clip au succès planétaire qui lança l'album Thriller en 1982, Michael Jackson emmène sa petite amie au cinéma voir un film de loups-garous. Au sortir de la séance, ils traversent un cimetière, et, alors que la nuit est tombée et que le brouillard se lève entre les tombes, les ombres s'animent et les morts rejoignent le couple pour une danse endiablée...
Avec une chorégraphie, une musique, une veste rouge et un rire démoniaque rentrés dans la légende, *Thriller* est considéré aujourd'hui encore comme le meilleur clip de tous les temps.

▸ *Recette pages 33.*

TROLLS DE TROY

Dans l'univers de Troy, il y a des humains, tous dotés d'un pouvoir magique plus ou moins puissant et utile (faire pousser les cheveux, faire disparaître les vêtements et même soigner les blessures), des créatures plus ou moins étranges et les trolls. Très civilisés selon leurs critères, extrêmement primitifs selon ceux des humains, les trolls, à l'intelligence relative et à l'humour ravageur, chassent et mangent tout ce qui passe à leur portée et, sachez-le, ne craignent qu'une chose : être mouillés... Ça risquerait de les laver et ferait fuir leurs mouches ! Vous pouvez suivre leurs aventures poilantes dans *Trolls de Troy*, série de bandes dessinées de genre médiéval fantastique.

▸ *Recette page 148.*

TWILIGHT

Après le remariage de sa mère, Bella, dix-sept ans, décide d'aller habiter chez son père au fin fond de l'État de Washington, près de Seattle. Dans ce nouvel environnement gris et pluvieux, elle remarque une étrange fratrie qui jamais ne se mélange aux autres lycéens. C'est que les Cullen forment une famille un peu spéciale : il s'agit d'une famille de vampires et de vampires « végétariens » qui plus est, car ils ne consomment plus de sang humain. Bien sûr, Bella tombe amoureuse d'Edward, fascinant vampire qui, dès qu'ils sont ensemble, doit lutter contre sa nature de prédateur. Bella pourra-t-elle survivre au milieu de tous ces immortels ?

▸ *Recette page 74.*

UN CHANT DE NOËL

Ce conte est certainement l'un des plus célèbres de Charles Dickens. Ebenezer Scrooge a tourné le dos à toutes les choses plaisantes de l'existence (amis, famille, amours...) au profit de l'argent. Seul, aigri, il passe ses journées à son étude où il exploite et terrorise le pauvre Cratchit. Le soir de Noël, le fantôme de son ancien associé Jacob Marley lui annonce la visite de trois esprits durant la nuit : celui des Noëls passés, des Noëls présents et des Noëls futurs. En les accompagnant et en réfléchissant à ses décisions, Scrooge se voit offrir une chance – la dernière ! – de sauver son existence, son âme, mais surtout son bonheur. Ce conte est pour moi l'une des plus merveilleuses histoires au monde...

▸ *Recettes pages 49, 93 et 168.*

VAMPIRE DIARIES

Stefan et Damon Salvatore sont frères et vivent depuis très, très, très longtemps, car ils sont des vampires. Et tandis que Damon vit sa vie « à pleines dents » et assume sa nature, Stefan tente par tous les moyens de conserver sa part d'humanité en essayant de se mélanger aux humains et en se nourrissant de sang d'animaux. De retour, après plusieurs générations, dans leur bonne ville de Mystic Falls, ils font la connaissance d'Elena, charmante lycéenne et sosie de Katherine, leur amour perdu. Mais les sorcières du lieu voient d'un très mauvais œil le retour des vampires, qui coïncide avec celui des loups-garous, et les choses pourraient finir par mal tourner pour les humains des environs qui ignorent tout des dangers planant autour d'eux...

▸ *Recettes pages 41 et 183.*

AVANT-PROPOS

Beaux ou laids, sages ou fous, humains ou vraiment pas du tout, même les plus fantaisistes des sorciers ne se refusent pas de temps à autre une petite douceur.
À bien y regarder, les mondes magiques fourmillent de créatures qui passent leur temps, soit à sauver leur univers – plus ou moins malgré eux d'ailleurs –, soit à échafauder des plans machiavéliques pour l'anéantir.
Et si nos pensées se tournent plus aisément vers les humains (Gandalf, les sœurs Halliwell...), côté gourmandises les centaures, vampires, loups-garous, ogres, trolls, fantômes, dragons, faunes, lapins et castors ne sont pas en reste, loin de là !

Pour ce deuxième tome de mon grimoire de recettes magiques, je me suis tournée avec résolution et plaisir vers les sucreries et les douceurs. Pourquoi un ouvrage 100 % sucré ? Eh bien tout simplement, parce que nombre de lecteurs de *La Cuisine des Sorciers* – et je leur adresse un salut chaleureux au passage – m'en avaient fait la demande et aussi parce que les magiciens et les créatures fantastiques se révèlent être de redoutables becs sucrés.
J'ai donc dégainé ma plume et ai récolté pour vous les recettes favorites des héros de vos univers préférés.
Cela n'a pas été une quête aisée, loin s'en faut ! Bravant tous les dangers – dont le pire, celui de me faire prendre par l'histoire en oubliant totalement mon but premier –, je n'ai eu de cesse d'aller à la rencontre de vieux amis de papier (*Harry Potter*, *Un chant de Noël*), de parcourir des univers lointains aux accès fluctuants (*Le Monde de Narnia*, *L'Histoire sans fin*...), d'affronter d'effrayants affreux (ahhh, le capitaine Crochet) et de défier de multiples boss (*Donjons & Dragons*...), tout cela pour vous régaler, vous, oui vous, amis-lecteurs-qui-tenez-ce-livre-entre-vos-mains.

Peut-être trouvera-t-on étrange de faire cohabiter dans ces pages les gremlins avec le Chapelier fou d'Alice, les sorcières de Macbeth avec Bilbo le Hobbit ou Willy Wonka avec le loup-garou de *Thriller*. Mais, voyez-vous, ces créatures de tous poils, peau, plumes, cuir et écailles, humaines ou non, ont un point commun : elles sont toutes issues d'univers fantastiques créés pour vous faire voyager par-delà un monde ordinaire et familier.
Vous savez, ce monde qui vous semble si quotidien, parfois même fade, mais qui pourrait bien receler mille et une merveilles pour peu que l'on cherche à les voir...

Je vous laisse donc explorer ce livre empli de recettes créées dans le but de vous régaler, vous, vos amis et vos invités ; il n'a ni début ni fin et se parcourt à votre guise, selon l'envie ou les besoins du moment (thé avec des nains, goûter de Noël, festivités d'Halloween...).

Quelle que soit l'occasion, n'oubliez pas :
« La magie n'opère que si l'on veut bien consentir à se laisser emporter par elle. »
(J. R. R. Tolkien)

Aurélia Beaupommier

CHAPITRE I

BOUCHÉES & FRIANDISES

BOUCHÉES DE LA REINE DE CŒUR

Lorsque Sa Majesté la Reine de Cœur pratique le croquet, elle aime à déguster quelques douceurs — bien entendu, à ses couleurs — le temps d'admirer son jeu, ses roses tout juste repeintes et le vol du lézard au-dessus des bois. Car, voyez-vous, il n'est pas si simple de gouverner, non non, et surtout de conserver un calme et un sourire devenus légendaires...

INGRÉDIENTS
• 15-20 bouchées environ

250 g de pâte feuilletée (chez votre pâtissier)
20 cl de crème au chocolat
100 g de framboises fraîches (ou groseilles, fraises...)
Lait pour la dorure

PRÉPARATION • 10 min ◆ CUISSON • 10 min

◆ Préchauffez le four à 230 °C (th. 7-8) et tapissez une plaque de papier sulfurisé. Subtilisez les bigoudis que les dodos utilisent pour mettre en forme leur perruque et, à l'aide de ces ustensiles très appropriés ou d'un rouleau à pâtisserie, étalez la pâte sur 2 mm d'épaisseur environ. Découpez cette pâte à l'aide d'un emporte-pièce en forme de cœur et déposez ces cœurs sur une plaque de cuisson.

◆ Badigeonnez les cœurs d'un peu de lait et enfournez pour 10 minutes jusqu'à ce que les feuilletés prennent une jolie couleur blond doré, telle la douce fourrure du loir. Sortez et laissez refroidir le temps d'aller faire une partie de croquet.

◆ Mais ne tardez pas trop ! Il est temps de préparer la garniture. Rincez donc les framboises, conservez-en quelques-unes pour la décoration et mélangez délicatement les autres avec la crème au chocolat.

◆ Garnissez les feuilletés de crème et répartissez dessus les framboises restantes. Le résultat devra être tout simplement dé-li-cieux, et si quelqu'un n'est pas de cet avis : QU'ON LUI COUPE LA TÊTE !!!!!!!!!!

DÉLICES DE DOIGTS DE POUSSIÈRE

Doigts de Poussière, le jongleur de feu, faisait danser flammes et flammèches au bout de ses doigts quand Mo le força à sortir de son livre pour l'amener dans notre monde. Depuis, Doigts de Poussière n'a de cesse de retourner dans son histoire et de retrouver les délices de son monde.

PRÉPARATION • 10 min ◆ **CUISSON** • 10 min ◆ **REPOS** • 30 min

◆ Broyez les fruits secs en gros morceaux, puis claquez des doigts jusqu'à ce qu'il en jaillisse des étincelles, soufflez doucement dessus et laissez monter les flammes jusqu'à ce qu'elles dansent et ondulent devant vous. Soufflez les flammes jusque sous une poêle et faites torréfier les amandes, les noisettes et les pistaches quelques instants, jusqu'à ce qu'un délicieux parfum s'en exhale, puis réservez.

◆ Dans une casserole, versez la crème, le miel, le sucre et le beurre, faites fondre le tout à feu doux, puis incorporez les fruits secs et mélangez bien.

◆ Déposez une feuille de papier sulfurisé légèrement beurrée sur la plaque du four. Disposez dessus de petits tas de pâte en les espaçant bien, car ils vont s'étaler à la cuisson. Enfournez pour 8 à 10 minutes. Sortez la plaque du four et laissez refroidir les friandises avant de les décoller.

◆ Versez les morceaux de chocolat et la noisette de beurre dans une casserole posée sur un bain-marie. Lorsque le chocolat est fondu, plongez-y les friandises jusqu'à la moitié, puis laissez-les égoutter sur une grille (ou dans une assiette). Laissez refroidir, puis grignotez en regardant les flammes danser.

INGRÉDIENTS • **15 friandises**

100 g de chocolat coupé en morceaux
60 g de beurre + 1 noisette + un peu pour la plaque
50 g de sucre en poudre
50 g d'amandes
50 g de noisettes
50 g de pistaches
20 g de miel liquide
1 cuil. à café de crème fraîche

CARAMELS QUI FONT POUSSER LES CHEVEUX

Et voici l'une des plus fameuses créations de Willy Wonka : les caramels qui font pousser les cheveux. Promis, juré ! Sucez ces caramels, et en quelques semaines votre maigre tignasse se transformera en une magnifique chevelure digne d'un Oompa Loompa.

INGRÉDIENTS • 20 caramels

200 g de lait concentré sucré
125 g de sucre glace
60 g de beurre
1 cuil. à soupe de miel liquide

PRÉPARATION • 30 min ◆ CUISSON • 30 min ◆ RÉFRIGÉRATION • 1 h

◆ Tapissez un plat de papier sulfurisé en le laissant largement dépasser.

◆ Dans un chaudron petit modèle d'origine spécialement oompa-loompienne, faites chauffer à feu doux le beurre, le lait concentré, le sucre glace et le miel.

◆ Lorsque le sucre est totalement dissous, portez à frémissement, puis baissez le feu et laissez cuire 20 minutes en remuant et sans laisser bouillir, sinon le caramel attacherait sournoisement. Le mélange va passer du blanc au doré, et le caramel épaissir petit à petit pour former une belle crème lisse et aussi dense que le chocolat de la cascade. S'il est trop liquide, poursuivez la cuisson encore quelques minutes.

◆ Enfilez des gants de protection et versez le caramel dans le plat sur 1 cm de hauteur, lissez et laissez prendre au frais 1 heure environ (ou au moins 30 minutes), enfin bref, autant que votre gourmandise vous le permet. Lorsque le caramel est figé, découpez-le à l'aide de l'emporte-pièce de votre choix et conservez au frais.

BONBONS ARC-EN-CIEL

Lorsque Charlie Bucket trouve dans sa tablette de chocolat le fameux ticket d'or et pénètre pour la première fois dans la chocolaterie de Willy Wonka, il est loin d'imaginer toutes les merveilles qu'il va y découvrir : rivières de chocolat, sucreries en pagaille, glaces ne fondant jamais, chewing-gums dont le goût ne s'affadit pas... Essayez donc ces merveilleux bonbons arc-en-ciel : régalade immédiate ou remboursement sur-le-champ !

INGRÉDIENTS • 40 bonbons de chaque couleur

Rouge
25 cl de jus de betterave
25 cl de jus de fraise
2 g d'agar-agar
2 cuil. à soupe de miel liquide

Orange
25 cl de jus de carotte
25 cl de jus d'orange (ou pêche, mangue, clémentine, abricot...)
2 g d'agar-agar
2 cuil. à soupe de miel liquide

Jaune
25 cl de jus de poire
25 cl de jus de pomme (ou raisin blanc, groseille à maquereau)
2 g d'agar-agar
2 cuil. à soupe de miel liquide

Vert
50 cl de jus de concombre (ou choux)
2 g d'agar-agar
2 cuil. à soupe de miel liquide

Violet
50 cl de jus de raisin (ou mûre, myrtille, cassis...)
4 g d'agar-agar
2 cuil. à soupe de miel liquide

PRÉPARATION • 15 min ◆ CUISSON • 5 min ◆ RÉFRIGÉRATION • 2-3 h

◆ Versez le jus de fruit de votre choix dans une casserole, ajoutez le miel et mélangez jusqu'à ce que celui-ci soit bien dissous. Saupoudrez l'agar-agar et portez à ébullition pour 2 minutes, sans cesser de mélanger.

◆ Retirez du feu, versez dans un moule souple avec de petites cavités de la forme de votre choix (sphères, nounours, dinosaures, fleurs...) et laissez prendre 2 à 3 heures au frais.

◆ Démoulez les bonbons, goûtez-les une première fois, puis une deuxième, une troisième pour être bien sûr, et conservez ceux qui restent dans une boîte hermétique au réfrigérateur.

GOLDEN

SPHÈRES D'ÉNERGIE

Dans les méandres des royaumes lointains et oubliés, qui sait ce que vous allez devoir affronter, vous qui lisez ces lignes ! Passez donc chez votre armurier favori et faites d'amples provisions de ces sphères d'énergie : elles vous permettront d'affronter périls et dangers sans même ciller.

INGRÉDIENTS • 40 sphères

250 g de dattes
200 g de flocons d'avoine
200 g de graines de courge
75 g de miel
75 g de purée de citrouille
1 cuil. à café de cannelle moulue
½ cuil. à café de gingembre moulu
10 gratouilles de noix de muscade

PRÉPARATION • 10 min ◆ CUISSON • 5 min

Note : Ces sphères sont utilisables par tous les mages à partir de la classe d'armure 5 et de TACO 7.

◆ Dès qu'une nouvelle quête s'annonce, préparez sans attendre vos sphères d'énergie de la sorte : rincez si besoin les graines de courge et faites-les torréfier quelques minutes à feu vif.

◆ Lancez un sort de miroir et procédez de la même manière avec les flocons d'avoine.

◆ Mélangez les dattes coupées en morceaux avec le miel, la purée de citrouille et les épices à l'aide d'un gourdin de troll ou d'une lance de gobelin (n'utilisez en aucun cas votre bâton de mage, il deviendrait tout collant et serait inutilisable pour un bout de temps).

◆ Dans un bol à part, mélangez les flocons d'avoine et les graines de courge. Utilisez un énucléeur ou une cuillère et prélevez une noix de mixture aux dattes que vous roulerez ensuite dans le mélange flocons-graines jusqu'à ce que vos doigts ne collent plus lorsque vous la saisissez ; jusqu'à épuisement de la matière.

◆ À consommer dès que l'aventure vous appelle !

ŒUFS DE SAPHIRA

Non, l'espèce des dragons n'est pas éteinte ! Les œufs de Saphira et de ses sœurs sont seulement si bien cachés qu'on les croit disparus...

PRÉPARATION • 20 min ◆ **CUISSON** • 10 min ◆ **REPOS** • 30 min
RÉFRIGÉRATION • 3 h

◆ Versez les myrtilles congelées dans un robot mixeur (ou utilisez un pied à soupe) et mixez-les afin de les réduire en poudre.

◆ Faites fondre à feu doux le beurre dans une casserole, ajoutez la crème, puis le chocolat blanc et la poudre de myrtilles, et laissez fondre en remuant.

◆ Ôtez du feu et laissez refroidir à température ambiante, puis couvrez d'un film alimentaire et placez au réfrigérateur pour 3 heures.

◆ Sortez le mélange du réfrigérateur. Prélevez de petites noix de pâte à l'aide d'une cuillère et roulez-les entre vos paumes de manière à leur donner la forme d'un œuf. Roulez ensuite les œufs dans le sucre glace afin de leur éviter de coller entre eux. Tapotez-les délicatement pour ôter l'excédent de sucre.

◆ Contrairement à l'idée commune, les œufs de dragon ne se conservent pas à la chaleur mais au frais – ceux-ci, par exemple, seront très bien au réfrigérateur. C'est peut-être parce que rares sont ceux qui les cherchent au bon endroit que l'on croit l'espèce éteinte...

INGRÉDIENTS • 20 œufs

250 g de chocolat blanc en morceaux
100 g de beurre
75 g de sucre glace
40 g de crème fraîche
30 g de myrtilles surgelées

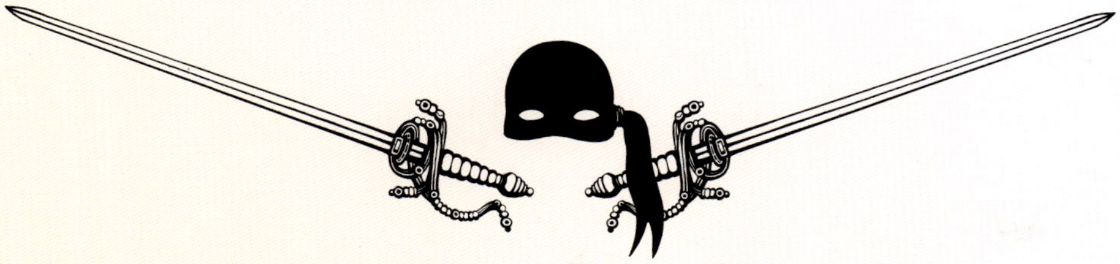

BOUCHÉES DE MIRACLE MAX

Bien que pour un sorcier de l'envergure de Miracle Max il y ait une notable différence entre « à-peine-mort », « assez-mort » et « bien-mort », Westley était déjà plutôt très très mort lorsque Inigo Montoya et Fezzik l'amenèrent au Thaumaturge afin de voir si vraiment il ne pouvait pas remédier à cet inconvénient… Ce qu'il fit de bonne grâce.

INGRÉDIENTS • 16 bouchées

200 g de chocolat au lait
150 g de chocolat noir de pâtisserie
150 g d'amandes mondées
1 orange bio

PRÉPARATION • 20 min ◆ RÉFRIGÉRATION • 2 h ◆ CUISSON • 20 min

◆ Rincez l'orange, puis prélevez son zeste que vous couperez en tout petits morceaux. Réservez sans vous étonner des galimatias de l'hidalgo qui ne cesse de répéter : « Je m'appelle Inigo Montoya, blablabla. »

◆ Torréfiez toutes les amandes quelques minutes dans une poêle posée sur feu vif, puis demandez à Fezzik d'en broyer 100 g.

◆ Dans une casserole posée sur un bain-marie, faites fondre ensemble le chocolat de pâtisserie et 50 g de chocolat au lait. Ajoutez ensuite les amandes broyées et les zestes d'orange. Versez cette préparation dans un bac à glaçons et placez au frais 2 heures ou jusqu'à ne plus en pouvoir des devinettes échangées entre Inigo et Fezzik.

◆ Demandez alors au colosse de réduire le reste des amandes en petits morceaux, puis faites fondre les 150 g restants de chocolat au lait au bain-marie et incorporez les amandes.

◆ Démoulez les bouchées du bac à glaçon, piquez-les à l'aide d'une lame de Tolède – ou d'une fourchette, c'est selon –, trempez-les dans la casserole, puis laissez égoutter l'excédent d'enrobage.

◆ Supportez encore quelques devinettes d'Inigo et Fezzik, le temps que le chocolat durcisse, et dégustez enfin : vous disposez à présent d'un miracle vous permettant de prendre d'assaut le château, d'interrompre le mariage, d'affronter le comte et de rejoindre le bateau.

CALISSONS

Le grand mage et auteur d'un traité sur les confitures était originaire de la région d'Aix-en-Provence. Voici une recette bien de chez lui que le célèbre prédicateur aimait à déguster en son XVIe siècle.

PRÉPARATION • 10 min ◆ REPOS • 1 nuit + 3 h

◆ La veille, versez la poudre d'amandes dans une poêle posée sur feu vif et laissez torréfier quelques minutes. Mixez ensemble la poudre d'amandes, le sucre glace, les fruits confits et l'eau de fleur d'oranger. Mélangez jusqu'à l'obtention d'une boule moelleuse. Si la pâte reste collante, desséchez-la quelques instants dans une casserole sur feu vif.

◆ Étalez la pâte entre deux feuilles de papier sulfurisé sur une épaisseur de 5 mm environ, puis ôtez la feuille de dessus. Posez un emporte-pièce en forme de losange (ou de carré !) sur la pâte et appuyez pour découper un biscuit. Trempez l'emporte-pièce dans un bol d'eau tiède entre deux découpes. Posez les calissons sur une grille et laissez-les reposer une nuit entière.

◆ Le jour même, posez l'emporte-pièce sur le pain azyme et pressez fortement dessus. Renouvelez l'opération sur toute la feuille afin d'obtenir un nombre suffisant de formes, puis enlevez l'excédent de pain azyme. Déposez une forme de pain sur chaque calisson.

◆ Préparez le glaçage en mélangeant le jus de citron avec le sucre glace. Trempez le côté pâte des calissons dans le glaçage et lissez avec le doigt. Laissez ensuite sécher autant de temps que vous pourrez résister (idéalement, quelques heures).

INGRÉDIENTS • 60 calissons

1 paquet de feuilles de pain azyme (en magasin spécialisé)
75 g de sucre glace
100 g de poudre d'amandes
80 g de melons confits
20 g de cédrats confits
1 cuil. à café d'eau de fleur d'oranger

Le glaçage
15 cl de jus de citron
150 g de sucre glace

fresh
POP CORN
NUTRITIOUS

THRILLER

POP-CORN DE LOUP-GAROU

Dans le clip cultissime de Thriller, *Michael Jackson emmène sa petite amie au cinéma voir un film d'horreur. Celle-ci explique alors à un Michael souriant de toutes ses dents en grignotant son pop-corn qu'elle n'est même pas effrayée par les créatures des ténèbres. Michael sourit et ses yeux s'étrécissent à la tombée du soir…*

INGRÉDIENTS • 4 personnes

300 g de sucre brun (vergeoise, cassonade…)
9 cl d'huile neutre
50 g de maïs à pop-corn
2 noix de beurre
2 pincées de sel

PRÉPARATION • 5 min ◆ CUISSON • 5 min

◆ Lorsque la lune monte dans le ciel, versez l'huile dans une casserole ainsi que 3 grains de maïs. Couvrez d'un couvercle et faites chauffer à feu vif. Lorsque résonne le glas d'au moins un des grains (« pop ! »), récupérez les trois en faisant bien attention à ne pas vous brûler. Versez le reste du maïs dans la casserole, couvrez et baissez le feu. Secouez régulièrement pour éviter que les grains posés sur le fond ne brûlent.

◆ Lorsqu'un silence sépulcral s'abat, ôtez la casserole du feu.

◆ Débarrassez le pop-corn dans un bol, éliminez l'huile restante et faites fondre le beurre. Versez-le ensuite sur le pop-corn en mélangeant bien pour enrober tous les grains. Saupoudrez 1 cuillerée à soupe de sucre sur le pop-corn tout chaud. Versez le reste du sucre avec le sel dans la casserole encore enduite de beurre et laissez fondre en reposant la casserole tiède sur le feu.

◆ Lorsque le caramel est blond, versez-le sur le pop-corn et mélangez, mélangez et mélangez encore à l'aide d'une cuillère en bois jusqu'à ce que tous les grains soient bien enrobés. Dégustez devant votre film favori !

CHAPITRE II

BISCUITS & GÂTEAUX À L'ASSIETTE

BISCUITS & GÂTEAUX À L'ASSIETTE

STARDUST

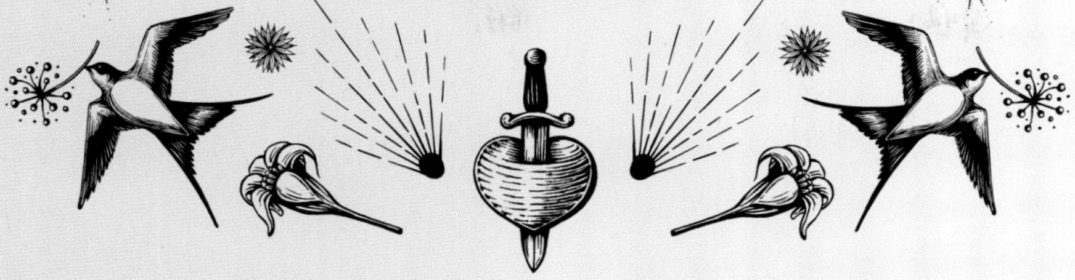

PETITS PAINS FAÇON FOIRE DES FÉES

Tous les neuf ans a lieu la foire des fées au-delà du mur qui sépare la bonne ville de Wall du monde de Stormhold. Si vous vous y aventurez, vous y croiserez des lutins vendeurs de gourmandises, des bateleurs de merveilleux, des négociantes de sortilèges et même quelques pirates volants... Mais attention, si d'aventure une princesse changée en oiseau vous offrait un perce-neige en verre, qui sait ce qui pourrait arriver... Peut-être même qu'une étoile filante tomberait du firmament, se briserait la cheville et voyagerait avec le plus jeune de la famille, alors qu'une terrible sorcière tenterait de lui arracher le cœur afin de conserver la jeunesse éternelle...

INGRÉDIENTS • 12 petits pains

400 g de farine
2 œufs
25 cl de lait
60 g de fromage blanc
50 g de raisins secs blonds
50 g de raisins secs bruns
1 cuil. à soupe de miel liquide
1 sachet de levure de boulanger
1 cuil. à café de sel

PRÉPARATION • 10 min ◆ REPOS • 3 h ◆ CUISSON • 10-15 min

◆ Dans une grande jatte, mélangez la farine tamisée, les raisins secs et le sel. Ajoutez la levure et mélangez. Creusez alors un puits au centre et versez-y les œufs, le miel, le fromage blanc et enfin le lait. Pétrissez jusqu'à obtenir une pâte souple et homogène.

◆ Couvrez avec un torchon et laissez reposer dans un endroit bien tiède (près d'un radiateur, dans la salle de bains...) pendant 2 h 30, le temps que la pâte lève et double de volume.

◆ Plus tard, préchauffez le four à 210 °C (th. 7) et recouvrez la plaque de papier sulfurisé.

◆ Pétrissez à nouveau la pâte pendant 1 minute, puis divisez-la en 12 petits pains. Disposez ces derniers sur la plaque en les espaçant bien pour leur laisser la place de gonfler durant la cuisson. Badigeonnez-les de lait et enfournez pour 10 à 15 minutes, jusqu'à ce qu'ils soient bien dorés.

◆ Laissez refroidir autant que possible, puis dégustez en admirant les jongleurs de feu...

BISCUITS « EAT ME »

Si d'aventure vous vous trouviez être trop grand pour passer une porte ou trop petit pour atteindre la clé posée sur la table, essayez ces biscuits tout droit sortis des histoires enchantées de Lewis Carroll. Mais attention ! Si un côté fait grandir, l'autre rapetisse. Quel côté ? C'est à vous de le découvrir…

PRÉPARATION • 10 min ◆ RÉFRIGÉRATION • 30 min
CUISSON • 45 min ◆ REPOS • 15 min

◆ Rincez l'orange dans une mer de larmes, puis prélevez son zeste et découpez-le en petits morceaux (ou en plus gros, selon votre envie du jour). Tapissez un moule carré (ou un plat) de 20 cm de côté environ de papier sulfurisé.

◆ Dans une grande jatte vidée de ses lézards et dodos, mêlez le beurre et le sucre jusqu'à ce que le mélange devienne mousseux. Ajoutez les zestes d'orange et mélangez encore. Tamisez la farine et la fécule de maïs et mélangez toujours jusqu'à obtenir une pâte souple. Déposez celle-ci dans le moule en l'étalant bien, piquez-la à l'aide des lances des gardes (ou des dents d'une fourchette), puis laissez reposer au frais 30 minutes.

◆ Préchauffez le four à 150 °C (th. 5).

◆ Enfournez pour 45 minutes le temps que le biscuit prenne une jolie couleur dorée. Saupoudrez-le alors de 1 ou 2 cuillerées de sucre, puis passez un couteau le long des bords du moule, mais n'essayez pas encore de sortir le biscuit : laissez-le reposer le temps qu'il ait bien refroidi (15 minutes environ).

◆ Démoulez alors le biscuit en soulevant le papier sulfurisé avec précaution avant de le faire glisser sur une assiette. Découpez ensuite en carrés.

INGRÉDIENTS • 20 biscuits

175 g de beurre mou
125 g de farine
100 g de fécule de maïs
75 g de sucre en poudre + 1-2 cuil. à soupe
Le zeste de 1 orange bio

EAT ME

LANGUES DE CHAT DE CHESHIRE

Sibyllin amateur de devinettes, éternel farceur, le chat du Cheshire apparaît et disparaît à sa guise, ne laissant que son sourire mystérieux sur sa branche (ou sur la tête de la Reine de Cœur). Où apparaîtra-t-il la prochaine fois ? Je donne ma langue au chat !

PRÉPARATION • 10 min ◆ **CUISSON** • 10 min ◆ **REPOS** • 30 min

INGRÉDIENTS • 8 gourmands

4 blancs d'œufs (130 g environ)
130 g de sucre vanillé
125 g de beurre mou
100 g de farine
1 pincée de sel

◆ Préchauffez le four à 180 °C (th. 6) et tapissez une plaque de papier sulfurisé.

◆ Dans un saladier, fouettez vivement le beurre et le sucre vanillé, jusqu'à ce que le mélange devienne mousseux, puis tamisez la farine au-dessus en l'incorporant petit à petit. À part, dans une autre jatte, montez les blancs d'œufs avec la pincée de sel en neige très ferme. Ajoutez les blancs en neige au mélange précédent en faisant des gestes amples afin d'incorporer un maximum d'air à la préparation.

◆ Versez la pâte dans une poche à douille ou bien dans un sac congélation dont vous découperez ensuite l'un des angles.

◆ Placez la plaque du four devant vous et formez des bâtons de ½ patte de long (6 cm) pour 2 griffes de large (2 cm). Espacez-les bien, car les biscuits vont s'étaler à la cuisson.

◆ Enfournez pour 10 minutes environ, jusqu'à ce que les langues de chat soient blondes au centre et légèrement dorées sur les côtés. Laissez refroidir, puis faites disparaître à volonté !

CROISSANTS AUX PÊCHES FAÇON MYSTIC FALLS

Cette recette datant du temps des Fondateurs se perpétue au sein de la communauté de Mystic Falls : vous pouvez la déguster au Mystic Grill en compagnie de vos amis, qu'ils ou elles soient vampires, loups-garous, sorcières, médiums, chasseurs… ou de paisibles habitants.

INGRÉDIENTS • 4 personnes

1 boîte de pâte à croissants
(au rayon pâte)
2 pêches
100 g de sucre brun (vergeoise)
25 cl de jus d'orange
Le jus de 1 citron
1 gousse de vanille
1 cuil. à café de cannelle moulue

PRÉPARATION • 15 min ◆ CUISSON • 30-40 min

◆ Préchauffez le four à 180 °C (th. 6).

◆ Ébouillantez les pêches, pelez-les, puis découpez-les en 6 tranches. Étalez la pâte à croissants et détaillez chaque croissant en tenant compte des indications sur l'emballage. Posez 2 à 3 tranches de pêche sur la partie la plus large de la pâte, puis roulez les croissants et réservez-les.

◆ Versez le jus d'orange et le jus du citron dans un plat allant au four. Dans un bol, mélangez le sucre et la cannelle. Coupez la gousse de vanille dans le sens de la longueur, puis prélevez les graines avec la pointe d'un couteau et ajoutez-les dans le bol.

◆ Placez les croissants dans le plat, sur le jus d'orange, et saupoudrez-les du mélange sucre-épices.

◆ Enfournez pour 30 à 40 minutes jusqu'à ce que les croissants soient dorés et bien gonflés.

BISCUITS DE DOBBY

Pas de Noël à Poudlard sans que les elfes de maison réalisent de délicieux biscuits pour tout le monde. Dobby les prépare spécialement en forme de chaussette pour remercier son grand ami Harry Potter, qui l'a délivré du service des Malefoy en lui offrant, justement, une chaussette.

PRÉPARATION • 10 min ◆ RÉFRIGÉRATION • 30 min
CUISSON • 30 min ◆ REPOS • 30 min

◆ Dans une terrine, mélangez l'œuf et le sucre jusqu'à ce que le mélange blanchisse, puis ajoutez l'extrait de vanille, la farine tamisée, la pincée de sel et le beurre. Roulez la pâte en boule, recouvrez-la d'un film alimentaire et placez-la au frais 30 minutes.

◆ Préchauffez le four à 180 °C (th. 6).

◆ Étalez la pâte sur un plan de travail légèrement fariné sur une épaisseur de 2-3 mm environ. Munissez-vous de 2 emporte-pièce en forme de chaussettes de taille différente (ou de formes découpées dans du bristol). À l'aide de l'emporte-pièce le plus large, découpez 25 chaussettes dans la pâte. Placez-les sur une feuille de papier sulfurisé et mettez au four pour 10 à 15 minutes. Quand elles sont d'un léger blond doré, enfilez vos gants en cuir de dragon, sortez les biscuits-chaussettes du four, faites glisser la feuille de papier sulfurisé sur une grille et laissez refroidir.

◆ Pendant la cuisson de la première fournée, découpez à nouveau 25 chaussettes et, à l'aide de l'emporte-pièce plus petit, découpez des chaussettes à l'intérieur des grandes (récupérez la pâte pour réaliser des biscuits supplémentaires). Placez les chaussettes évidées sur la seconde feuille de papier sulfurisé et faites cuire au four de la même manière que les précédentes.

◆ Une fois que les biscuits-chaussettes ont bien refroidi, décollez-les des feuilles de papier. Disposez 1 cuillerée de confiture sur les chaussettes entières et recouvrez par les chaussettes évidées. Décorez selon votre inspiration de points de glaçage, de sucre glace ou de petits sapins en sucre, puis dégustez en bonne compagnie.

INGRÉDIENTS • 25 biscuits

1 pot de votre confiture favorite
250 g de farine + un peu pour le plan de travail
125 g de sucre en poudre
125 g de beurre mou
1 œuf
1 cuil. à café d'extrait de vanille
1 pincée de sel

La décoration
Selon votre inspiration : 1 cuil. à soupe de sucre glace, 2 cuil. à soupe de vermicelles colorés (sapins en sucre...).

NOSTRADAMUS

NAVETTES

Les navettes, préparées pour la Chandeleur, sont réputées pour leur pouvoir de porter chance, mais aussi de devenir des talismans contre la foudre et le feu si, sous le même toit, elles sont associées à des chandelles. Mais bien malin serait celui ou celle qui saurait les protéger, elles, de la convoitise des gourmands alléchés !

INGRÉDIENTS • 15 biscuits

500 g de farine
200 g de sucre en poudre
2 œufs
5 cl d'huile d'olive
1-2 cuil. à soupe d'eau de fleur d'oranger selon votre goût
Lait pour la dorure
3 pincées de sel

PRÉPARATION • 10 min ◆ REPOS • 1 h ◆ CUISSON • 15-20 min

◆ Lorsque le soleil est haut dans le ciel et l'ombre courte sous les arbres, tamisez la farine dans une jatte. Versez ensuite le sucre et le sel, et mélangez. Ajoutez les œufs un par un, puis l'huile d'olive et l'eau de fleur d'oranger.

◆ Mélangez jusqu'à obtenir une boule lisse et merveilleusement parfumée. Enveloppez d'une étoffe propre et laissez reposer 1 heure.

◆ Préchauffez le four à 180 °C (th. 6).

◆ Divisez la pâte en bâtonnets de la taille et de la grosseur d'un doigt d'adulte. Aplatissez délicatement le centre de manière à former une petite barque et badigeonnez d'un peu de lait avant d'enfourner pour 15 à 20 minutes, le temps que les navettes prennent une belle couleur dorée.

◆ Laissez refroidir si vous le pouvez et dégustez avec la gourmandise requise.

PFEFFERNÜSSE DE CONFITUREMBOURG

Lorsque son parrain Drosselmeyer offre cet étrange casse-noisette à Clara, celle-ci est loin de se douter des aventures qu'elle va vivre… Voici les réconfortants petits biscuits qu'elle put déguster au château de Confiturembourg durant ce Noël inoubliable.

PRÉPARATION • 30 min ◆ CUISSON • 15-20 min

◆ Pendant que Clara attend le cadeau de Drosselmeyer, tapissez plusieurs plaques de cuisson de papier sulfurisé. Préchauffez le four à 180 °C (th. 6) et installez la grille à mi-hauteur.

◆ Pilez toutes les épices dans un mortier. Vous pouvez, bien sûr, utiliser des épices en poudre, mais le résultat ne sera pas du tout le même : c'est là la différence entre le banal et l'exceptionnel… Il existe aussi des mélanges d'épices tout prêts pour pain d'épice, vous pouvez les utiliser en y ajoutant le poivre blanc.

◆ Faites tiédir légèrement le miel pour le liquéfier. Versez-le dans un grand récipient. Mélangez-le avec le sucre en poudre, les œufs, la levure et les épices. Ajoutez peu à peu la farine, mélangez d'abord à la spatule puis, quand c'est trop épais, pétrissez la pâte à la main jusqu'à ce qu'elle soit homogène. Faites des boules d'environ 2 cm de diamètre. (Faites-le faire par les enfants, ils vont adorer ça.) Posez les boules sur les plaques, en les espaçant, car elles vont s'étaler.

◆ En surveillant du coin de l'œil les enfants qui jouent avec leurs cadeaux, faites cuire les pfeffernüsse 15 à 20 minutes, jusqu'à ce qu'ils soient dorés comme les blés. Dès la sortie du four, posez-les sur une grille et badigeonnez-les de sucre glace délayé dans quelques gouttes d'eau, tandis qu'ils sont encore bien chauds. Le glaçage va ainsi durcir très vite.

INGRÉDIENTS • 30 biscuits

500 g de farine
250 g de miel doux
150 g de sucre en poudre
2 œufs
50 g de sucre glace
1 sachet de levure chimique
2 graines de coriandre
1 bâton de cannelle
1 clou de girofle
1 gousse de cardamome
1 gratouille de noix de muscade
1 pincée de poivre blanc

TARTELETTES DE MRS CRATCHIT ET DES NOËLS FUTURS

Dans leur minuscule demeure emplie de joie et d'amour, la famille Cratchit fête désormais Noël en compagnie d'un Ebenezer Scrooge résolument jovial (mais oui !), multipliant les facéties avec Tiny Tim qui gambade à présent sans ses béquilles.

INGRÉDIENTS • 24 tartelettes

1 pot de mincemeat (au rayon produits étrangers)
300 g de farine + un peu pour le plan de travail
170 g de beurre
80 g de sucre en poudre
30 g de poudre d'amandes
1 œuf
Le zeste râpé de 1 citron bio
3 cuil. à soupe de lait + un peu pour la dorure
2 cuil. à soupe de sucre glace pour la décoration

PRÉPARATION • 15 min ◆ RÉFRIGÉRATION • 30 min
CUISSON • 15-20 min

◆ Tamisez la farine dans une terrine, ajoutez ensuite la poudre d'amandes et le beurre coupé en petits morceaux, puis mélangez en frottant vos mains l'une contre l'autre. Versez ensuite le sucre en poudre et le zeste de citron râpé et continuez à mélanger avec vos doigts jusqu'à obtenir une consistance sableuse.

◆ Dans un bol, battez l'œuf avec le lait, puis ajoutez-les au mélange précédent et malaxez jusqu'à obtenir une pâte lisse et homogène. Roulez la pâte en boule, couvrez-la d'un film alimentaire et placez-la 30 minutes au frais.

◆ Préchauffez le four à 200 °C (th. 6-7).

◆ Étalez la pâte sur un plan de travail légèrement fariné et découpez 48 disques à l'aide d'un emporte-pièce rond ou d'un verre.

◆ Placez un disque dans les 24 moules à tartelette et déposez ensuite 1 cuillerée à café de mincemeat. À l'aide d'un emporte-pièce, découpez la forme de votre choix dans les 24 disques restants, en faisant en sorte qu'ils soient un peu plus larges que les moules, car la pâte va se rétracter à la cuisson. Placez-les sur le mincemeat, badigeonnez-les légèrement de lait et enfournez pour 15 à 20 minutes.

◆ Laissez refroidir les tartelettes. Saupoudrez-les de sucre glace et dégustez.

MOELLEUX AU CITRON DES CITÉS DU SUD

Dessert bien connu des tables princières de la côte du Sud, ce moelleux au citron doit sa renommée à sa capacité à pouvoir voyager au loin tout en restant délicieux. Ce qui en fait un présent idéal pour honorer ses voisins, ou pour les empoisonner discrètement, on ne sait jamais vraiment avec les princes du Sud…

INGRÉDIENTS • 8 moelleux

3 citrons bio
175 g de sucre en poudre
175 g de farine
100 g de beurre mou
2 œufs
10 cl de lait
½ sachet de levure chimique
3 cuil. à soupe de sucre glace

PRÉPARATION • 10 min ◆ CUISSON • 1 h ◆ REPOS • 30 min

◆ Préchauffez le four à 170 °C (th. 5-6).

◆ Rincez les citrons. Prélevez le zeste de 2 d'entre eux et coupez-le en fins morceaux. Pressez les 3 citrons et réservez le jus pour plus tard.

◆ Battez le beurre et le sucre en poudre, puis ajoutez les œufs un par un en mélangeant énergiquement entre chaque ajout. Incorporez ensuite les zestes de citron, puis la farine, la levure et le lait, et mélangez encore jusqu'à obtenir un ensemble bien homogène. Emplissez les 8 moules aux deux tiers avec cette préparation et enfournez pour 1 heure.

◆ Plongez une lame effilée au cœur de chaque gâteau : elle doit ressortir sèche. Plantez alors le couteau trois ou quatre fois dans les moelleux afin de créer quelques ouvertures.

◆ Délayez le sucre glace avec le jus de citron jusqu'à obtenir un sirop que vous ferez couler en mince filet sur les moelleux pour bien les imbiber.

◆ Patientez jusqu'au refroidissement complet, démoulez et dégustez au doux son des glouglous des fontaines.

COOKIES NEW-YORKAIS

L'équipe des Ghostbusters passe un certain temps à pourchasser Bouffe-Tout, le gélatineux fantôme vert, qui laisse derrière lui de répugnantes traînées de slime vert et visqueux. Par chance, ce dévoreur hors catégorie est attiré par les gourmandises d'un food truck new-yorkais, ce qui permet aux Ghostbusters de lui « faire sa fête ».

PRÉPARATION • 10 min ◆ CUISSON • 10-12 min ◆ REPOS • 15 min

◆ Faites chauffer le four 10 minutes à 180 °C (th. 6), le temps de recharger votre pack de protons et de tapisser une plaque de cuisson de papier sulfurisé.

◆ Enfilez vos lunettes de protection et brisez le chocolat en petits morceaux.

◆ Trouvez un bol sans traces de slime et mélangez-y la farine, le sel et le bicarbonate. Dans un second bol, plus ou moins ionisé, battez le beurre avec la vergeoise jusqu'à ce que le mélange soit blond et mousseux. Ajoutez alors l'œuf et mélangez à nouveau. Versez ce mélange dans le premier bol, pétrissez et lorsque la pâte est bien homogène, ajoutez le chocolat.

◆ Munissez-vous de votre cuillère à ectoplasmes favorite et prélevez de petites noix de pâte que vous poserez avec délicatesse sur le papier sulfurisé en laissant entre elles l'espace de discontinuité nécessaire pour qu'elles puissent s'étaler (5 cm).

◆ Enfournez pour 10 à 12 minutes, laissez refroidir 15 minutes, puis dévorez et renvoyez les revenants d'où ils viennent.

INGRÉDIENTS • 25 cookies

150 g de farine
100 g de beurre mou
100 g de vergeoise (ou cassonade)
1 œuf
75 g de chocolat
1 pincée de bicarbonate de sodium
1 pincée de sel

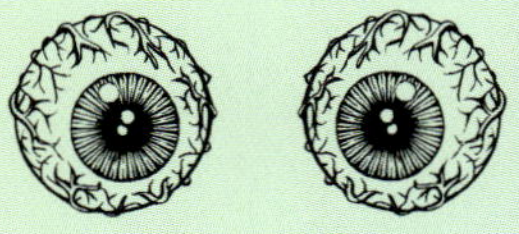

CUPCAKES BIBENDUM

Avant de commencer la recette, munissez-vous d'un positionneur désintégrant, ça pourrait vous servir si un ingrédient tente de vous engluer. Ensuite, seconde recommandation essentielle avant d'entamer ces Bibendum marshmallow, veillez à ne jamais croiser les effluves, ce serait mal !

PRÉPARATION • 20 min ◆ CUISSON • 15 min ◆ REPOS • 30 min

◆ Préchauffez le four à 180 °C (th. 6).

◆ Dénoyautez et taillez les litchis en quatre. Dans un saladier, cassez les 2 œufs et ajoutez le sucre en poudre. À l'aide d'un fouet, battez vivement pour faire blanchir le mélange. Ajoutez la farine et la levure, tout en continuant à fouetter.

◆ Placez le beurre dans un petit bol et faites-le fondre 30 secondes au four à micro-ondes.

◆ Ajoutez le beurre fondu, le lait et les litchis à la préparation et mélangez à nouveau. Versez la pâte dans de petites caissettes à cupcake et enfournez pour 15 minutes. Laissez refroidir.

◆ Préparez le topping. Dans un petit saladier, versez le cream cheese, le sucre glace et le jus de citron. À l'aide d'un batteur électrique, battez vivement l'ensemble pour obtenir une crème assez ferme. Placez la crème dans une poche à douille pour le dressage.

◆ Pour la décoration, réalisez des petits chapeaux et des petits tours de cou en pâte à sucre. Dressez les cupcakes avec la crème de la poche à douille. Ajoutez les éléments de pâte à sucre, les marshmallows qui formeront les têtes et finissez la décoration avec les stylos alimentaires.

INGRÉDIENTS • 6 cupcakes

2 œufs
75 g de farine
60 g de sucre en poudre
60 g de beurre
4 cl de lait
6 litchis
1 cuil. à café de levure chimique

Le topping

300 g de cream cheese
120 g de sucre glace
Le jus de ½ citron

La décoration

6 marshmallows
100 g de pâte à sucre bleue
50 g de pâte à sucre blanche
Stylos de décoration pâtissière

BARRES DES GREMLINS

Dans le premier opus de Gremlins, les créatures dévastent la plus-si-paisible petite ville de Kingston Falls durant la nuit de Noël. Ces ravages les conduisent au cinéma où ils se régalent devant Blanche-Neige et les sept nains *en grignotant les friandises chocolatées pillées dans les magasins alentour.*

INGRÉDIENTS • 20 barres

750 g de sucre en poudre
20 cl de lait entier
125 g de beurre
60 g de cacahuètes décortiquées
4 cuil. à soupe de cacao non sucré
1 cuil. à soupe d'huile neutre

PRÉPARATION • 10 min ◆ CUISSON • 30 min ◆ REPOS • 1 h

◆ Jetez dans une casserole le lait, le beurre, le sucre et le cacao. Fouettez énergiquement sur feu vif jusqu'à l'apparition des premières bulles. Réduisez le feu et laissez cuire 30 minutes environ, jusqu'à ce que la pâte épaississe.

◆ Ôtez la casserole du feu et laissez refroidir le temps de briser les cacahuètes en gros morceaux. Ajoutez-les à la pâte et touillez à nouveau.

◆ Tapissez une plaque à pâtisserie (ou utilisez celle du four) avec une feuille de papier sulfurisé que vous huilerez à l'aide d'un pinceau. Étalez ensuite la pâte à hauteur d'une main de gremlin (2 cm environ), lissez et laissez reposer au moins 1 heure.

◆ Découpez ensuite en barres de la taille de votre gourmandise en utilisant l'ustensile tranchant, coupant, tailladant de votre choix (mais faites attention à vous quand même).

TARTELETTES DE PAIGE

Être la fille cachée d'une puissante sorcière et d'un ange gardien n'est pas toujours facile à assumer, surtout lorsque votre destinée vous conduit à diriger une école de magie tout en luttant contre les forces du Mal. Aussi, lorsque les événements la malmènent un peu trop, Paige aime grignoter ces tartelettes. Les sœurs Jenkins attendront un peu…

INGRÉDIENTS • 6-8 personnes

La pâte

200 g de farine + un peu pour le plan de travail
100 g de beurre mou
100 g de sucre glace
1 œuf
1 pincée de sel

La garniture

200 g de noix de pécan non salées
150 g de sucre brun (cassonade, vergeoise)
2 œufs
50 g de beurre
15 cl de sirop d'érable
1 gousse de vanille
1 petit pot de glace à la vanille (facultatif)

PRÉPARATION • 40 min ◆ RÉRIGÉRATION • 1 h ◆ CUISSON • 40-45 min

◆ Préparez la pâte alors que le jour est encore jeune. Mélangez le beurre et le sucre glace jusqu'à ce que le mélange devienne mousseux, puis versez la farine tamisée et le sel. Battez l'œuf en omelette, versez-en la moitié dans la pâte et réservez le reste pour la garniture. Pétrissez et formez une boule, recouvrez-la de film alimentaire et placez au frais pour 1 heure.

◆ Allez vous entretenir un peu avec les sœurs sorcières, puis préchauffez le four à 200 °C (th. 6-7). Faites fondre le beurre à feu doux. Cassez les œufs dans une jatte, versez l'œuf réservé et fouettez le tout en omelette.

◆ Coupez la gousse de vanille en deux dans la longueur et grattez les graines. Ajoutez-les ainsi que le sucre brun et le sirop d'érable aux œufs, puis versez le beurre fondu. Mélangez bien et réservez.

◆ Concassez la moitié des noix de pécan et incorporez-les à la préparation. Mélangez bien. Disposez les moules sur le plan de travail suffisamment proches pour les foncer en une seule fois. Étalez la pâte, puis posez-la sur les moules et découpez l'excédent. Garnissez-les, lissez et répartissez les noix entières selon votre fantaisie.

◆ Enfournez pour 35 à 40 minutes. Sortez les tartelettes et laissez-les refroidir le temps de former quelques boules de glace pour leur tenir compagnie. Avertissement : attention, cette recette peut provoquer des addictions…

BOUCHÉES CITROUILLE DE PIPER

Voici l'une des spécialités qui font de Piper Halliwell l'un des chefs les plus réputés de San Francisco. Il faut dire aussi que pouvoir ralentir les molécules est une aide précieuse en cuisine, car cela permet de mêler les ingrédients à la perfection pour un résultat tout simplement gourmand et délicieux.

PRÉPARATION • 10 min ◆ CUISSON • 40 min ◆ REPOS • 1 h 20

◆ Préchauffez le four à 180 °C (th. 6).

◆ Tamisez la farine dans un grand bol, ajoutez la cannelle, le sel, le bicarbonate, puis la levure et mélangez. Dans un autre bol, mettez la purée de courge avec le sucre, les œufs, le lait concentré et mélangez. Lorsque la préparation est homogène, incorporez la farine et mélangez encore.

◆ Versez dans des moules à cupcakes ou à muffins en remplissant jusqu'aux deux tiers de la hauteur et enfournez pour 40 minutes.

◆ Sortez les moules du four et laissez refroidir pendant 20 minutes, puis démoulez les bouchées sur une assiette et laissez refroidir complètement (1 heure environ).

◆ Décorez de rosettes de crème Chantilly, saupoudrez d'une pincée de cannelle en poudre, et vous voilà prêt à affronter les démons.

INGRÉDIENTS • 12 bouchées ou 4 muffins

400 g de purée de citrouille (courge, potimarron...)
100 g de sucre en poudre
80 g de farine
15 cl de lait concentré non sucré
2 œufs
1 flacon de crème Chantilly
½ sachet de levure chimique
1 pincée de sel
1 pincée de bicarbonate de sodium
1 pincée de cannelle en poudre
+ un peu pour la décoration

COOKIES DE PHOEBE

Lorsque Phoebe libéra accidentellement ses pouvoirs et ceux de ces sœurs en lisant la première formule du Livre des Ombres, *elle ne savait pas, malgré son don de prémonition, qu'elle acquérait dans le même temps d'autres facultés, comme celle de cuisiner ces cookies particuliers, si délicieux qu'ils vous feraient léviter bien au-dessus du sol…*

INGRÉDIENTS • 20 cookies

300 g de farine
250 g de beurre mou
250 g de sucre brun (vergeoise, cassonade)
150 g de fruits secs (canneberges, abricots…)
150 g de fruits confits
2 œufs
1 cuil. à café de lait
1 pincée de bicarbonate de sodium

PRÉPARATION • 10 min ◆ CUISSON • 10 min ◆ REPOS • 30 min

◆ Préchauffez le four à 180 °C (th. 6) et recouvrez une plaque de cuisson de papier sulfurisé.

◆ Munissez-vous de votre couteau de rituel favori et découpez les fruits secs et confits en petits dés de 1 cm environ de côté.

◆ Dans un grand bol, mélangez un quart de la farine avec les morceaux de fruits. Ajoutez ensuite le beurre, le sucre et le lait, puis les œufs un par un, en mélangeant bien entre chaque ajout. Versez alors, petit à petit, le reste de la farine et le bicarbonate en les tamisant au fur et à mesure.

◆ À l'aide d'une cuillère, prélevez de petites noix de pâte et déposez-les sur le papier sulfurisé en les espaçant bien pour leur laisser la place de s'étaler à la cuisson.

◆ Enfournez pour 10 minutes et résistez autant que possible avant de goûter.

BISCUITS DES CENTAURES

Quand on est un centaure, il faut à la fois penser à son estomac humain et à son estomac de cheval. C'est pourquoi les centaures narniens, en particulier dans Le Prince Caspian *durant le conseil de guerre, se délectent de ces biscuits qui satisfont tous les besoins de leur double nature.*

PRÉPARATION • 15 min ◆ CUISSON • 10 min ◆ REPOS • 10 min

◆ Rincez la pomme, épluchez-la, ôtez le trognon et les pépins, puis coupez-la en tout petits dés et réservez dans un bol d'eau pour éviter que les morceaux ne brunissent à l'air.

◆ Préchauffez le four à 180 °C (th. 6) et tapissez la plaque de cuisson de papier sulfurisé.

◆ Dans un grand bol, mélangez le beurre, le miel et l'œuf jusqu'à ce que la préparation soit homogène. Ajoutez alors la farine et le bicarbonate en les tamisant, la cannelle, les flocons d'avoine et les dés de pomme bien égouttés. Mélangez encore.

◆ À l'aide d'une petite cuillère, prélevez des noisettes de pâte et déposez-les sur la plaque de cuisson en les espaçant bien.

◆ Enfournez pour 10 minutes environ, laissez ensuite reposer 10 minutes, puis décollez les biscuits. Ne vous jetez pas dessus comme des centaures affamés, mais essayez de patienter un peu avant de déguster avec un bon thé ou avec ce qui vous fera plaisir.

INGRÉDIENTS • 20 biscuits

175 g de miel liquide
130 g de flocons d'avoine
110 g de beurre mou
90 g de farine
1 œuf
1 pomme
1 pointe de couteau de bicarbonate de sodium
½ cuil. à café de cannelle en poudre

MAGIC

BISCUITS DE MANA

Avant d'enchaîner les tournois de cartes Magic, mieux vaut être bien préparé. Composez des decks cohérents et dévastateurs pour terrasser vos adversaires, mais surtout partez avec quelques victuailles pour grignoter entre chaque manche ! Alors, sortez votre boîte à bento et remplissez-la de ces petits biscuits aux couleurs des différents manas du jeu.

INGRÉDIENTS • 20 biscuits

340 g de farine
200 g de sucre en poudre
170 g de beurre
1 œuf + 1 jaune
2 pincées de vanille en poudre
2 pincées de badiane moulue
2 pincées de cannelle moulue
Colorants en poudre (bleu, rouge, vert, noir)

PRÉPARATION • 20 min ◆ RÉFRIGÉRATION • 30 min
CUISSON • 15 min ◆ REPOS • 15 min

◆ Dans une casserole, versez le beurre et les épices. Faites chauffer jusqu'à obtenir un beurre noisette.

◆ Dans un saladier, mélangez ce beurre avec le sucre, l'œuf entier, le jaune, puis la farine. Terminez de mélanger la préparation à la main pour former une pâte homogène.

◆ Séparez la pâte en cinq et réservez dans 5 bols. Ajoutez une pointe de couteau de colorant bleu sur la première boule et pétrissez pour incorporer ce dernier. Réalisez l'opération avec les autres colorants pour les autres boules de pâte, la cinquième boule restant neutre.

◆ Placez les pâtes au réfrigérateur et laissez reposer pendant 30 minutes.

◆ Préchauffez le four à 180 °C (th. 6).

◆ À l'aide d'un rouleau à pâtisserie, étalez chaque pâte sur environ 5 mm d'épaisseur. À l'aide d'un emporte-pièce rond, détaillez des biscuits. À l'aide de la pointe d'un couteau, réalisez les sigles des manas sur les biscuits de la couleur correspondante. Enfournez pour 10 minutes, puis laissez bien refroidir avant de déguster.

BRIOCHES DES ENFANTS PERDUS

Foi d'enfant perdu, on a beau résider sur une île habitée par de vaillants Indiens, de fières sirènes, un crocodile tic-tacant et un capitaine Crochet légendaire, hors de question d'oublier le goûter en compagnie de la fée Clochette !

PRÉPARATION • 5 min ◆ CUISSON • 20 min

◆ Ouvrez le passage secret situé sous les racines de l'arbre du pendu, dirigez-vous vers la cuisine et faites fondre 1 noisette de beurre dans une poêle. Déposez-y les tranches d'ananas et rôtissez-les 5 minutes de chaque côté jusqu'à ce qu'elles soient caramélisées à s'en lécher les babines, puis réservez.

◆ Dans un bol à peu près propre, fouettez les œufs avec le sucre et le lait. Trempez les tranches de brioche dans le mélange tandis que vous faites fondre la seconde lichette de beurre dans la poêle. Faites revenir les tranches de brioche en les laissant dorer sur leurs deux faces.

◆ Déposez les tranches de brioche sur un torchon (ou une assiette), disposez une tranche d'ananas caramélisée sur chacune d'elles et refermez le torchon en baluchon avant d'aller goûter avec Peter au sommet du rocher du Crâne.

INGRÉDIENTS • 4 personnes

4 tranches de brioche rassise
4 tranches d'ananas
2 œufs
25 cl de lait
60 g de sucre vanillé
2 noisettes de beurre

SANDWICHS DE BASTIEN

Lorsque Bastien Balthazar Bux ouvre L'Histoire sans fin *dans le grenier de son école, il ignore encore que ce livre changera sa vie à jamais. S'installant sous une couverture, près d'un chandelier, il commence la lecture de l'ouvrage aux deux serpents et grignote les sandwichs de son goûter en partageant les aventures d'Atreju et Falkor. Riant, tremblant et mangeant au même moment qu'eux, il devient bientôt proche, si proche qu'il finit par entrer dans le livre lui-même...*

INGRÉDIENTS • 4 sandwichs

8 tranches de pain complet de la mer aux Herbes
50 g de beurre ramolli par Morla
4 bananes (du bois de Perelin)
150 g de chocolat (noir ou au lait) livré tout spécialement par escargot de course

PRÉPARATION • 5 min ◆ CUISSON • 2 min

◆ Une fois entré dans LE livre, demande à Graograman, le lion de flammes, de t'aider à toaster les tranches de pain (à moins que tu ne préfères utiliser un grille-pain ou une poêle chaude).

◆ À l'aide d'un couteau et de tes bonnes grosses mains, beurre les tartines, puis épluche les bananes et coupe-les en rondelles. Dispose ensuite ces rondelles sur les tartines selon le dessin formé par les jardins-labyrinthes qui entourent la tour d'Ivoire, ou selon ton désir, peu importe : fais ce que tu veux.

◆ Râpe le chocolat sur les bananes à la manière dont la neige tombe sur les sommets où s'affrontent les Quatre Vents et referme les sandwichs.

◆ On raconte que ces délices sont tels que même l'Oracle sudérien n'y résiste pas... Mais cela est une autre histoire qui sera contée une autre fois...

BISCUITS TIBISCUIT

Tibiscuit, fils de Pa'pâtissier, est l'un des compagnons d'aventures de Shrek. Aidé par son « grand » frère Cake Kong, il délivre Shrek, prisonnier de marraine Bonne Fée au royaume de Fort Fort Lointain.

PRÉPARATION • 10 min ◆ **RÉFRIGÉRATION** • 2 h
CUISSON • 20-25 min

◆ Dans la tiédeur du fournil de Pa'pâtissier, tapissez une plaque de cuisson de papier sulfurisé. Pilez les épices avec un pilon dans un mortier (ou avec un gourdin dans un bol solide), puis réservez.

◆ Mettez le miel dans une petite casserole et laissez chauffer à feu doux jusqu'à ce qu'il soit liquide.

◆ Dans une grande jatte, mélangez le sucre en poudre, le miel, les œufs, les épices et la levure. Ajoutez ensuite la farine en la tamisant. Travaillez d'abord à la spatule ensuite à la main jusqu'à ce que la pâte soit bien homogène, puis enveloppez-la de film alimentaire et placez-la au frais pour 2 heures.

◆ Préchauffez le four à 180 °C (th. 6).

◆ Étalez la pâte sur une table farinée à hauteur d'un pied de lutin (5 mm environ). Découpez des bonshommes à l'aide d'un emporte-pièce (ou d'une forme découpée dans du bristol) et enfournez pour 15 à 20 minutes.

◆ Préparez le glaçage en délayant le sucre glace dans le jus de citron et, si vous le désirez, ajoutez le colorant de votre choix. Versez le glaçage dans un cornet de papier sulfurisé et décorez les bonshommes selon votre fantaisie (attention, le glaçage va durcir très vite). Placez des raisins secs pour réaliser les yeux et des bonbons boules de gomme sur le ventre pour les boutons du gilet.

INGRÉDIENTS • 20 biscuits

500 g de farine + un peu pour le plan de travail
250 g de miel doux
150 g de sucre en poudre
2 œufs
1 sachet de levure chimique
1 bâton de cannelle
1 clou de girofle
2 graines de coriandre
1 gousse de cardamome
1 gratouille de noix de muscade
1 pincée de poivre blanc

Le glaçage et la décoration
50 g de sucre glace
10 cl de jus de citron
Colorants alimentaires (facultatif)
Bonbons boules de gomme (ou marshmallows), raisins secs

LE GRINCH

MINI CHRISTMAS PUDDING DE CHOUVILLE

À Chouville, Noël est une institution et chaque famille rivalise de créativité pour rendre cette fête vraiment unique et joyeuse. Voici la recette ultrasecrète transmise depuis au-moins-tout-ça dans la famille Cindy Lou et, croyez-moi, tellement excellente qu'elle en ouvre même le cœur d'un Grinch tout ronchon !

INGRÉDIENTS • 8 personnes

250 g de beurre mou
250 g de sucre en poudre
200 g de chapelure
200 g de raisins secs
100 g de fruits secs (abricots, dattes...)
100 g d'amandes
100 g de farine
100 g de fécule de maïs
100 g de carottes râpées
50 g de miel
20 cl de jus d'orange
2 œufs
Le zeste de 1 orange bio
2 cuil. à café de cannelle
Sucre glace pour la décoration

PRÉPARATION • 20 min ◆ CUISSON • 1 h

◆ Préchauffez le four à 150 °C (th. 5).

◆ Entonnez votre chant de Noël favori avec enthousiasme et versez le beurre, le sucre en poudre, la chapelure, les carottes et la cannelle dans un grand saladier. Tamisez la farine et la fécule de maïs au-dessus en mélangeant bien.

◆ Avec des gestes élégants (élément essentiel à la réussite de la recette !), coupez les fruits secs et le zeste d'orange en petits dés, concassez les amandes grossièrement et versez-les dans le saladier de même que les raisins secs. Ajoutez ensuite le miel, les œufs et le jus d'orange. Touillez joyeusement (avec enthousiasme) : très important, cette recette ne se réussit que si l'on est d'humeur joyeuse.

◆ Posez un moule à cannelés en silicone dans un plat à bords hauts. Remplissez les cavités du moule de votre préparation, puis versez de l'eau dans le plat pour une cuisson au bain-marie. Enfournez pour 1 heure.

◆ Au moment de servir (tièdes ou froids), saupoudrez de sucre glace et profitez du moment.

MUFFINS DES LOUPS-GARDIENS

Après qu'Edward l'a abandonnée, Bella traverse une profonde dépression (on ne tombe pas indûment amoureuse d'un vampire). Elle se réfugie alors auprès de son ami amérindien Jacob et écoute les légendes de son peuple. C'est ainsi qu'elle découvre que certains jeunes de la tribu se transforment en loups géants à l'approche des vampires, ce qui ne les empêche pas de dévorer les muffins aux myrtilles d'Emily.

PRÉPARATION • **10 min** ◆ **CUISSON** • **20 min** ◆ **REPOS** • **30 min**

◆ Préchauffez le four à 180 °C (th. 6).

◆ Tamisez la farine, la levure et la fécule de maïs dans un large bol. Ajoutez ensuite le sucre et le sel. Coupez la gousse de vanille en deux dans le sens de la longueur et, à l'aide de la pointe d'un couteau, prélevez les graines en grattant la gousse. Ajoutez-les au mélange précédent et réservez.

◆ Dans une seconde jatte, battez ensemble l'œuf, le lait et l'huile. Une fois que le mélange est homogène, versez la préparation liquide sur les ingrédients secs. Mélangez à l'aide d'une cuillère le moins longtemps possible afin que les muffins restent bien légers.

◆ Versez la pâte dans des moules à muffin en les remplissant à un tiers de hauteur, puis répartissez les myrtilles encore congelées. Enfournez pour 20 minutes environ, jusqu'à ce que les muffins soient dorés et joufflus.

◆ Laissez refroidir autant que possible avant de démouler. À dévorer, pardon à déguster, avant d'aller faire votre ronde au cœur de la forêt.

INGRÉDIENTS • **10-12 muffins**

200 g de myrtilles surgelées
150 g de sucre en poudre
100 g de farine
100 g de fécule de maïs
10 cl de lait
1 œuf
8 cl d'huile neutre (pépins de raisin...)
1 gousse de vanille
1 sachet de levure chimique
1 pincée de sel

BISCUITS DE CALYPSO

Il fallait l'intervention et les procédés secrets de l'énigmatique Tia Dalma, sorcière du marais connue aussi sous le nom de Calypso, dame de cœur de Davy Jones, pour ramener à la vie le grand capitaine Barbossa, seul capable de voler à la rescousse de Jack Sparrow.

PRÉPARATION • 10 min ◆ CUISSON • 30 min

◆ Préchauffez le four à 180 °C (th. 6).

◆ Coupez la gousse de vanille en deux dans le sens de la longueur puis, à l'aide de votre couteau de rituel favori, recueillez les graines en grattant la gousse avec délicatesse.

◆ Dans un large bol, tamisez ensemble la farine, la fécule de maïs, la levure et le sel. Ajoutez la noix de coco, le sucre, les graines de vanille et mélangez.

◆ Faites tiédir le lait et le beurre jusqu'à ce que ce dernier soit bien fondu. Versez ensuite, petit à petit pour éviter les grumeaux, sur les ingrédients secs en psalmodiant doucement la formule consacrée. Lorsque la pâte est aussi lisse qu'une mer sans souffle de vent, ajoutez les raisins secs et mélangez une dernière fois. Si la pâte est trop sèche, ajoutez 2 cuillerées à soupe d'eau.

◆ Formez de petites noix de pâte que vous déposerez sur une plaque de cuisson en les espaçant bien pour leur laisser la place de gonfler et enfournez pour 30 minutes. À vous ramener un pirate d'entre les morts !

INGRÉDIENTS • 20-24 biscuits

150 g de noix de coco séchée
90 g de fécule de maïs
90 g de farine
50 g de sucre en poudre (si possible de muscovado)
50 g de raisins secs
25 g de beurre mou
25 cl de lait
½ sachet de levure chimique
1 gousse de vanille
1 pincée de sel

NO
HIJKL
UVW
56789

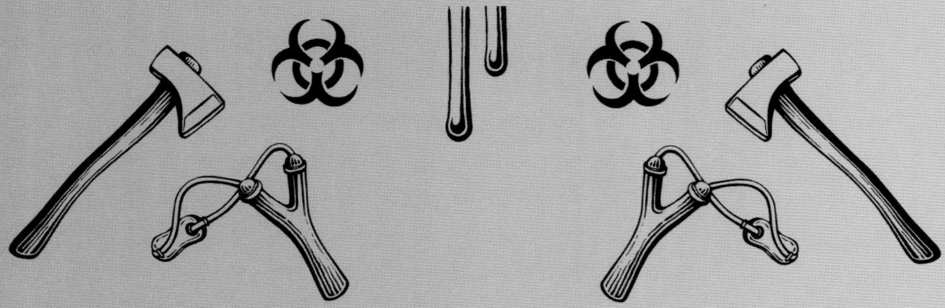

GAUFRES D'ELEVEN

À Hawkins, il se passe des choses sombres et inquiétantes… Alors, quoi de mieux que les bonnes gaufres dont Eleven raffole pour la rassurer et la mettre dans les meilleures conditions, avant d'aller faire un tour dans le monde à l'envers et de retrouver Will ?

INGRÉDIENTS • 4 personnes

250 g de farine
125 g de bière
12,5 cl de lait
125 g de beurre
3 œufs
1 pincée de 4-épices
1 pincée de sel
Huile pour la cuisson

PRÉPARATION • 20 min ◆ CUISSON • 4 min

◆ Avant de commencer, séparez les blancs d'œufs des jaunes et réservez-les dans 2 bols.

◆ Placez le beurre dans un bol et faites-le fondre 30 secondes au four à micro-ondes.

◆ Dans un saladier, versez la farine, la pincée de sel et la pincée de 4-épices. Ajoutez la bière et mélangez à l'aide d'un fouet. Versez ensuite le lait petit à petit puis, toujours à l'aide du fouet, mélangez. Ajoutez alors les jaunes d'œufs et le beurre fondu, puis mélangez à nouveau.

◆ À l'aide d'un batteur électrique, battez les blancs d'œufs en neige jusqu'à ce qu'ils soient bien fermes. À l'aide d'une spatule, incorporez délicatement les blancs montés à la préparation de base.

◆ Huilez légèrement le gaufrier et faites-le chauffer. Déposez une louche de pâte, refermez et faites cuire environ 4 minutes, le temps que les gaufres soient bien dorées. À l'aide d'un emporte-pièce rond, détaillez les gaufres avant de les servir encore chaudes.

CHAPITRE III

BOLS, MOUSSES & CRÈMES

YEUX DES SÉPULCREUX

Les sépulcreux, invisibles, terribles et mortels, sont la conséquence monstrueuse de la vaine tentative de M. Barron pour acquérir l'immortalité. Ils n'ont de cesse de traquer les particuliers pour leur arracher les yeux dont ils se nourrissent afin de retrouver et conserver une apparence humaine.

INGRÉDIENTS • 6 yeux

1 boîte de litchis dénoyautés
1 grappe de raisin rouge
(hors saison, utilisez des pruneaux)
1 l de jus de framboise

PRÉPARATION • 10 min

◆ Recette pour leurrer les sépulcreux : égouttez les litchis, récupérez le jus et buvez-le de suite pour vous donner des forces et du courage.

◆ Rincez le raisin et farcissez chaque litchi avec un grain pour figurer la pupille de l'œil.

◆ Déposez les yeux dans des coupes transparentes ou dans un grand bocal en verre et remplissez-les de jus de framboise.

◆ Déposez les coupes ou le bocal bien en évidence au milieu de la pièce, en veillant à éclairer par en dessous pour donner un aspect théâtral. Le leurre est prêt, il n'y a plus qu'à préparer le piège ou à profiter de la diversion pour vous enfuir sur les ailes d'une ombrune.

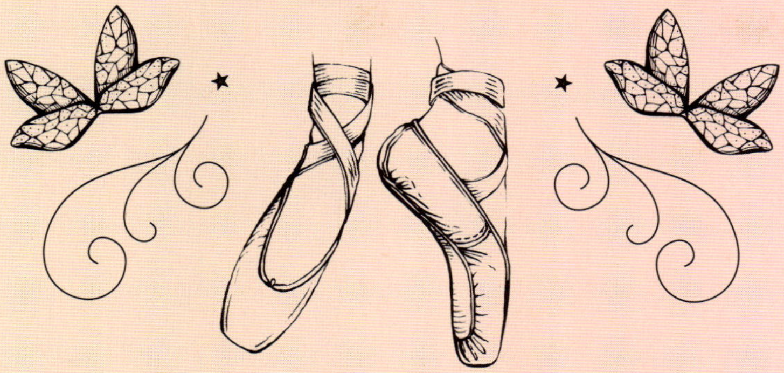

FANTAISIES DE LA FÉE DRAGÉE

Après avoir accueilli Clara et le casse-noisette au château de Confiturembourg, la fée Dragée et le prince Orgeat leur offrent un festin où les friandises rivalisent de gourmandise. Puis les danses incroyables s'enchaînent, plus célèbres les unes que les autres, dont le désormais légendaire pas de deux entre le prince et la fée.

INGRÉDIENTS • 6 Esquimau

50 cl de lait
25 cl de lait concentré non sucré
50 g de lait en poudre
50 g de dragées aux amandes
50 g de dragées au chocolat
1 cuil. à soupe de sucre en poudre

PRÉPARATION • 10 min ◆ CUISSON • 15 min ◆ CONGÉLATION • 3 h

◆ Alors que la neige tombe en blancs flocons, versez le lait en poudre dans une casserole et délayez-le avec le lait avant d'ajouter le lait concentré. Portez à ébullition sans quitter la casserole des yeux. Au premier bouillon, baissez le feu, ajoutez le sucre et faites cuire 10 minutes en laissant sans cesse valser votre cuillère en bois dans la casserole. Ôtez du feu et laissez refroidir.

◆ Pendant ce temps, cassez les dragées en morceaux, goûtez-en une pointe… mais ne mangez pas tout afin qu'il en reste pour mener la recette à son terme.

◆ Ajoutez les morceaux de dragées dans la casserole, mélangez et versez dans des moules à Esquimau.

◆ Placez au congélateur (ou sur la terrasse enneigée) pour 3 heures, puis dégustez en admirant la valse des flocons.

MATY

DESSERT EN R'TARD EN R'TARD DU LAPIN BLANC

Le Lapin blanc, héraut de Leurs Majestés de Cœur, l'œil rivé sur sa montre à gousset, est sans cesse préoccupé par son planning de ministre, courant toujours après le temps, au point parfois d'en oublier ses gants. Une fois dans sa chaumière, il peut enfin préparer très rapidement une de ses douceurs préférées… avant d'être interrompu par l'arrivée inopinée de l'immense Alice !

INGRÉDIENTS • 6 personnes

50 cl de lait
80 g de sucre vanillé
3 œufs

PRÉPARATION • 3 min ◆ CUISSON • 3 min

◆ Assurez-vous que Humpty Dumpty n'est pas dans les parages et cassez les œufs dans un bol. Battez-les ensuite vivement en omelette, ajoutez le lait sans cesser de battre, puis le sucre vanillé en battant toujours.

◆ Versez dans 6 ramequins et recouvrez de film alimentaire en dégageant un bord pour laisser la vapeur s'échapper.

◆ Placez successivement les ramequins au four à micro-ondes et cuisez 30 secondes à puissance maximale. En fonction de votre four, si vos œufs ne sont pas assez cuits, remettez encore à cuire par tranches de 10 secondes.

◆ Laissez refroidir avant de déguster. Mais vite, vite, enfilez vos gants et dépêchez-vous si vous ne voulez pas rater la partie de croquet !

GLACE DU CHEMIN DE TRAVERSE

Dans Le Prisonnier d'Azkaban, *Harry se réfugie sur le chemin de Traverse pour fuir celui qu'il croit être le Sinistros, en réalité, son parrain Sirius Black. Il occupe alors les quelques jours le séparant de son départ à Poudlard à déguster les différentes spécialités du glacier Florian Fortarôme.*

PRÉPARATION • 10 min

◆ Fermez votre esprit – et la porte aussi – au brouhaha du chemin de Traverse et sortez les crèmes glacées du congélateur, puis placez-les à température ambiante quelques minutes, le temps de préparer vos plus belles coupes et 3 sacs de congélation.

◆ Lancez un sort de Coulure de niveau I et prélevez la glace à la fraise que vous placerez dans l'un des sacs congélation. Faites de même avec le chocolat et le second sac. Coupez le bout de l'un des angles de chaque sac à l'aide de ciseaux ou d'un sort de Sécator. Placez ensuite les deux sacs dans le troisième dont vous couperez aussi le bout d'un angle de manière à obtenir une poche contenant deux alvéoles.

◆ Pressez doucement les crèmes au-dessus de vos coupes en formant de jolies spirales. Faites couler une généreuse mesure de beurre de cacahuètes, parsemez d'éclats de cacahuètes et dégustez aussitôt, et tant pis pour vos amis s'ils sont en retard !

INGRÉDIENTS • 4 personnes

100 g de glace à la fraise
100 g de glace au chocolat au lait
60 g de beurre de cacahuètes mou
1 cuil. à soupe de cacahuètes concassées

PANNA COTTA DE LYRA

Alors que Lyra est pensionnaire au Jordan Collège, elle ignore encore tout des pouvoirs de la Poussière ou de sa véritable identité. Elle est simplement une petite fille vive et espiègle qui aime escalader les toits en compagnie de Pan, son inséparable compagnon, ou déguster son dessert favori en faisant semblant d'être très sage.

INGRÉDIENTS • 4 personnes

40 cl de crème fleurette
3 feuilles de gélatine
120 g de sucre en poudre
8 clémentines
1 cuil. à café de fécule de maïs
4 physalis pour la décoration
(ou des suprêmes de clémentine)

PRÉPARATION • 15 min ◆ REPOS • 10 min
CUISSON • 15 min ◆ RÉFRIGÉRATION • 1 h

◆ Faites ramollir la gélatine 10 minutes dans un bol d'eau froide.

◆ Posez une casserole sur feu moyen et réchauffez-y la crème et 80 g de sucre. Égouttez la gélatine, puis ajoutez-la à la crème sucrée et mélangez jusqu'à ce que la gélatine et le sucre soient complètement dissous.

◆ Versez dans 4 petits pots et laissez prendre au réfrigérateur au moins 1 heure, le temps d'effacer les traces de votre dernière escapade.

◆ Pendant ce temps, pressez les clémentines afin d'en extraire le jus. Versez-le avec le sucre restant dans une casserole sur feu moyen et laissez épaissir 5 minutes.

◆ Prélevez 1 cuillerée de coulis, délayez-y la fécule de maïs et ajoutez-la dans la casserole. Laissez épaissir 5 minutes jusqu'à obtenir un coulis généreux et légèrement sirupeux, puis laissez refroidir.

◆ Rincez les physalis. Démoulez les panna cotta, nappez généreusement de coulis, disposez un physalis ou un suprême de clémentine au sommet et dégustez en écoutant les Sages discourir des propriétés de la Poussière.

BOULES DE NEIGE DES NOËLS PRÉSENTS

Noël n'est pas vraiment Noël sans neige, et lorsque le blanc manteau n'est pas au rendez-vous, le jovial fantôme du Noël présent nous offre ces boules de neige surprises…

INGRÉDIENTS • 4 personnes

4 œufs
1 pot de crème à la vanille type Danette®
1 pincée de sel
Sucre glace pour la décoration

PRÉPARATION • 5 min ◆ **CUISSON** • 2 min ◆ **REPOS** • 5 min

◆ Cassez les œufs, versez les blancs dans une terrine et battez-les avec une pincée de sel en neige très ferme à l'aide d'un batteur. Si vous pouvez retourner le bol au-dessus de votre tête sans vous retrouver affublé d'un chapeau blanc et mousseux, alors vos blancs sont fin prêts.

◆ Placez une feuille de film alimentaire dans un petit bol en la faisant largement retomber au-delà des bords. Versez un quart des blancs en neige dans le bol, refermez le film en formant une petite balle et faites cuire au four à micro-ondes 30 à 45 secondes jusqu'à ce que les blancs soient bien fermes. Répétez l'opération jusqu'à obtenir 4 boules d'œufs en neige.

◆ Laissez refroidir. Coupez les boules de neige en deux et, à l'aide d'une petite cuillère, évidez 4 demi-sphères en laissant 2 cm de bord à chaque fois. Placez les demi-sphères évidées sur une assiette, remplissez-les de crème à la vanille et recouvrez-les avec les demi-sphères pleines. Saupoudrez de sucre glace et dégustez sans attendre.

SOUPE AUX MYRTILLES DES VARDENS

Si vos pas vous mènent un jour au nord de l'Alagaësia dans la forêt Du Weldenvarden, peut-être irez-vous vers Ellesméra, la capitale des elfes. Et si, par chance, vous partagez le repas avec ces créatures, goûtez à cette soupe, l'une des favorites des anciens et nouveaux dragonniers.

INGRÉDIENTS • 4 personnes

300 g de myrtilles
4 cuil. à soupe de miel de fleurs
2 cuil. à soupe de fécule de maïs
1 paquet de biscuits type petits-beurre

PRÉPARATION • 20 min ◆ **CUISSON** • 10 min ◆ **REPOS** • 10-20 min

◆ Délayez la fécule de maïs dans un peu d'eau pure et réservez.

◆ Versez les myrtilles dans une marmite et recouvrez-les de 50 cl d'eau, ajoutez le miel, puis portez à ébullition 5 minutes. Hors du feu, versez la fécule délayée, remettez au feu et arrêtez la cuisson dès la reprise des bulles.

◆ Pendant que la soupe refroidit, cassez les petits-beurre en gros morceaux. Mixez la soupe jusqu'à obtenir la consistance désirée.

◆ Servez tiède ou froid avec des morceaux de petits-beurre en guise de croûtons.

PÂTE DE NOISETTES

Après que les Vardens ont remporté la victoire sur les ténébreux Urgals, Eragon part pour Ellesméra en compagnie d'Arya. Invité dans la capitale des elfes, il en apprend plus sur leur mode de vie et leurs traditions. Les elfes refusent d'exploiter les animaux pour se nourrir, c'est pourquoi ils remplacent le beurre traditionnel par celui-ci, merveilleusement délicieux, idéal pour les allergiques au lait de vache, les végétariens… et les gourmands !

PRÉPARATION • 10 min ◆ CUISSON • 5 min

◆ Faites torréfier les noisettes dans une poêle à feu vif (ou demandez à l'un de vos amis dragons de les rôtir pour vous). Déposez-les dans un torchon et frottez-les énergiquement pour décoller leur peau.

◆ Une fois que les noisettes sont à nu, versez-les dans le bol d'un robot mixeur et mixez-les par à-coups pour les réduire en purée. Procédez doucement, car la pâte de noisettes va devenir de plus en plus liquide au fur et à mesure que vous la mixez, et vous ne pourrez pas revenir en arrière.

◆ Quand vous avez obtenu la texture qui vous convient, plus ou moins granuleuse ou lisse comme les écailles de Saphira, ajoutez le miel et mélangez une dernière fois. Mettez en bocal et vous voilà prêt à monter en selle rejoindre les nuages !

INGRÉDIENTS • 1 pot

200 g de noisettes décortiquées
2 cuil. à soupe de miel liquide

MUESLI DES GREMLINS

Il existe trois règles à suivre lorsqu'on prend soin de duveteux mogwaïs : ne pas les mouiller, ne pas les exposer à la lumière et surtout, surtout, ne pas leur donner à manger après minuit ! Car alors, transformés en terribles gremlins, plus rien ne les arrête... Lancés à la conquête de la tour Clamp, ils sèment la pagaille sur leur passage. Ce muesli, savoureux et nourrissant, s'inspire de leur dévastatrice visite dans une boutique de crèmes glacées, où ils ont tout particulièrement apprécié le topping aux M&M's®. Yaourt, fruits frais et céréales, vous voilà prêt à partir à la conquête de New York !

INGRÉDIENTS • 4 personnes

100 g de muesli en mélange (flocons d'avoine, pétales de blé...)
2 kiwis
4 fraises
1 banane
200 g de yaourt nature
4 cuil. à soupe de miel liquide
4 cuil. à café de M&M's®

PRÉPARATION • 10 min

◆ Rincez les fraises, puis équeutez-les et coupez-les en quatre. Épluchez la banane et les kiwis avant de les couper en rondelles.

◆ Sortez des bols (ou, encore mieux, des pots transparents) et, pour chaque portion, divisez les céréales et les fruits en deux moitiés et le yaourt en trois parts. Composez le muesli en alternant une couche de yaourt, une strate de céréales et une épaisseur de fruits. Recommencez et terminez par le yaourt. Répétez ces opérations pour les autres bols.

◆ Cassez les M&M's® en morceaux, parsemez-les sur le yaourt et achevez votre œuvre en faisant couler un filet de miel sur le dessus.

CRÈME DE TROLLS

Lorsque Bilbo et la Compagnie des nains de Thorin s'avancent vers la Montagne solitaire, ils sont capturés par Tom, Bert et William, trois trolls « gastronomes » cuisinant au clair de lune et ravis de voir arriver de savoureux amuse-bouches.

INGRÉDIENTS • 4 personnes

900 g d'airelles ou de myrtilles + un peu pour la décoration
50 cl de crème fouettée
6 feuilles de gélatine
4 cuil. à soupe de jus d'orange
2 cuil. à soupe de sucre glace

PRÉPARATION • 15 min ◆ CUISSON • 2 min ◆ RÉFRIGÉRATION • 1 h

◆ Remplissez un pot d'eau de source bien claire, déposez-y la gélatine et laissez-la ramollir 5 minutes.

◆ Rincez les fruits, réservez-en 2 poignées pour la décoration et mixez le reste en purée, puis saupoudrez de sucre glace. Mélangez et incorporez la crème fouettée.

◆ Faites tiédir le jus d'orange dans un chaudron, égouttez la gélatine et faites-la fondre dans le jus d'orange en mélangeant à l'aide d'un fouet (plus pratique que la massue). Versez ce mélange sur les fruits crémés en mélangeant bien, ajoutez une poignée des fruits réservés. Mélangez encore.

◆ Versez le tout dans un plat ou dans un moule de la forme de votre choix et laissez prendre au frais dans le cours de la rivière ou au réfrigérateur au moins 1 heure.

◆ Démoulez et décorez de fruits au moment de servir. À déguster avant le lever du soleil !

JELLY DÉMONIAQUE

Alors que la dernière licorne capturée est sur le point d'être sacrifiée, la princesse Lily pénètre dans l'antre de Darkness, prince des Ténèbres, afin de la délivrer et de sauver le monde. Mais, hélas ! c'est sans compter sur les maléfices du démon qui, lors d'une légendaire scène de danse, envoûte Lily par les richesses offertes. Assise à la table de l'héritier des ténèbres et partageant son repas, la princesse aura-t-elle cédé au Mal ou s'agirait-il d'une ruse pour sauver la licorne ?

PRÉPARATION • 20 min ◆ REPOS • 10 min
CUISSON • 5 min ◆ RÉFRIGÉRATION • 2 h + 1 nuit

◆ Rincez les cerises aux larmes d'une princesse désespérée, puis tranchez les fruits et ôtez les noyaux de leur cœur.

◆ Faites en sorte que les kobolds fassent ramollir les feuilles de gélatine 10 minutes dans un bol d'eau froide. Puis égouttez la gélatine et faites-la fondre avec le jus d'orange dans une petite casserole posée au feu des douces flammes qui vous ont vu naître. Lorsque la gélatine est bien dissoute, ajoutez le jus de grenade, le sirop, le sucre et mélangez jusqu'à ce que le trouble ait envahi les esprits présents.

◆ Versez 2 cm de cette mixture dans un grand moule en silicone à la forme de votre âme (licorne, démon, cœur...) et répartissez les fruits en une couche. Laissez prendre au froid au moins 2 heures, plus qu'il ne vous est nécessaire pour réduire à néant tout espoir de soleil, joies et bonheurs de toutes sortes.

◆ Versez ensuite le jus restant et placez de nouveau au froid une nuit entière, le temps de sacrifier la dernière licorne de cette terre ou de combattre les elfes et leurs alliés en un dernier combat forcément féroce et déloyal.

INGRÉDIENTS • 4 personnes

25 cl de jus de grenade
200 g de cerises
50 g de sucre en poudre
6 feuilles de gélatine
3 cuil. à soupe de jus d'orange
1 cuil. à soupe de sirop de grenadine

LA LIGUE DES GENTLEMEN EXTRAORDINAIRES

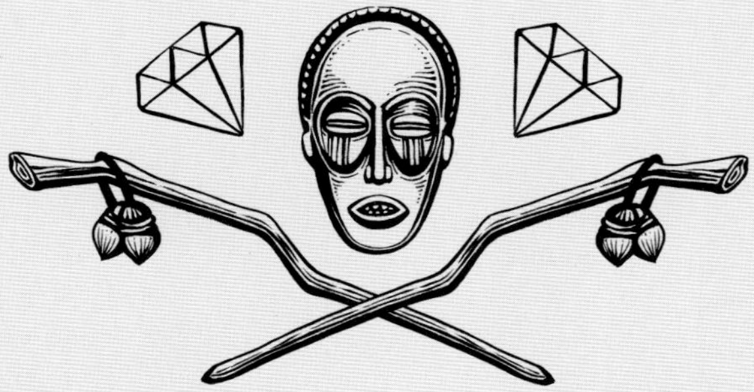

PRINCIPE D'ÉTERNITÉ DE QUATERMAIN

Déguster son petit déjeuner au calme est parfois un exercice difficile : entre complots et balles, il faut prendre des forces pour affronter la journée ! Et qu'un sorcier zoulou ait autrefois prédit à Allan Quatermain que jamais la terre d'Afrique ne le verrait mourir n'y change rien. C'est peut-être bien plus grâce aux excellentes vitamines contenues dans les fruits de ces contrées sauvages et généreuses qu'il vécut autant d'aventures extraordinaires, comme la découverte des légendaires mines de diamants du roi Salomon ou la mise à mal du plus terrible complot de ce début de XXe siècle…

INGRÉDIENTS • 8 personnes

1 ananas
1 goyave
1 mangue
2 bananes
3 fruits de la Passion
1 gousse de vanille
Le jus de 1 orange
Le jus de 1 citron

PRÉPARATION • 15 min

◆ Mélangez le jus de citron et le jus d'orange dans un petit bol. Coupez la gousse de vanille en deux dans le sens de la longueur et prélevez les graines en grattant chaque gousse avec la pointe d'un couteau. Ajoutez-les au jus de fruits.

◆ Découpez le panache ainsi que la base de l'ananas à l'aide de votre machette ou d'un couteau bien aiguisé. Découpez le fruit en quatre. Ôtez le cœur et l'écorce, puis taillez la chair en dés.

◆ Épluchez la mangue, puis prélevez la pulpe en faisant glisser votre lame le long du noyau central et réservez. Coupez la goyave en deux, pelez-la, puis évidez-la. Coupez la mangue et la goyave en dés. Épluchez les bananes, puis coupez-les en rondelles. Coupez les fruits de la Passion en deux et prélevez la pulpe et le jus.

◆ Versez le jus d'agrumes dans le fond de larges coupes, déposez dessus les dés de fruits et surmontez avec la pulpe des fruits de la Passion. Dégustez en écoutant le rugissement des lions au coucher de soleil sur la savane.

RIZ AU LAIT DE MARRAINE BONNE FÉE

Une spécialité magique de marraine Bonne Fée préparée avec amour pour son fils le Prince Charmant. C'est pourquoi, lorsque celui-ci revient de la tour de Fiona, inconsolable et furieux de n'avoir pas délivré la princesse avant Shrek, elle lui propose de lui préparer une jatte entière de son dessert préféré.

INGRÉDIENTS • 6 personnes

200 g de riz rond
1 l de lait
60 g de sucre vanillé
50 g de fleurs cristallisées (violettes, roses...)

PRÉPARATION • 5 min ◆ CUISSON • 40 min ◆ REPOS • 1 h

◆ Rincez abondamment le riz, puis versez-le dans une casserole d'eau froide et faites-le bouillir 2 minutes avant de l'égoutter.

◆ Pendant ce temps, dans une autre casserole, faites chauffer le lait et le sucre vanillé. Lorsque le lait bout, versez le riz et laissez cuire à feu doux 30 minutes en remuant de temps en temps à l'aide de votre baguette ou d'une cuillère en bois.

◆ Retirez du feu et laissez refroidir complètement en jetant un sort ou de manière naturelle selon le temps dont vous disposez. Ajoutez alors les fleurs cristallisées et mélangez avec précaution.

◆ Versez dans des moules individuels en silicone en forme de fleurs, de papillons ou autres (ou dans des ramequins tout simples), tassez bien et laissez prendre au frais au moins 1 heure ou le temps d'aller pousser la chansonnette.

OMELETTE DES OURS DU SVALBARD

Quand Lyra part à la recherche de son ami Roger, elle fait la connaissance d'un ours pas tout à fait comme les autres. Iorek Byrnison, l'ours en armure, devient son ami, l'aide à libérer les enfants prisonniers et redevient le roi des ours du Svalbard. Au menu des ours, on trouve des œufs, des myrtilles sauvages : ces sphères sucrées devraient lui plaire.

INGRÉDIENTS • 6 personnes

1 l de glace à la vanille
4 œufs
120 g de farine
120 g de sucre en poudre
6 cuil. à soupe de gelée de myrtilles
1 pincée de sel

La meringue :
150 g de sucre
2 blancs d'œufs

PRÉPARATION • 30 min ◆ CONGÉLATION • 1 nuit + 10 min
CUISSON • 10 min ◆ REPOS • 30 min

◆ La veille : tapissez 6 moules en forme de demi-sphères (ou des bols supportant la congélation) de film alimentaire, remplissez-les de glace, lissez d'un coup de griffe et placez au congélateur durant toute une nuit non boréale.

◆ Le jour même : préchauffez le four à 180 °C (th. 6). Cassez 4 œufs en séparant les jaunes des blancs. Ajoutez le sel aux blancs, puis battez-les en neige très ferme tout en incorporant le sucre petit à petit, puis les jaunes d'œufs et enfin la farine aussi tamisée que de la neige poudreuse.

◆ Versez la pâte sur une plaque de cuisson recouverte de papier sulfurisé et enfournez pour 10 minutes jusqu'à ce qu'elle devienne blonde mais pas encore dorée. Retournez la plaque sur un plat, décollez le papier et laissez refroidir.

◆ Découpez la génoise à l'aide d'un bol (ou de vos griffes) des mêmes dimensions que les moules mis au congélateur. Dans un petit bol à part, délayez la gelée de myrtilles avec un peu d'eau tiède jusqu'à obtenir un sirop aussi doux qu'une fourrure d'ours.

◆ Battez les 2 blancs d'œufs en neige et ajoutez le sucre : votre meringue doit briller autant que le reflet des étoiles sur la glace du Svalbard.

◆ Démoulez les demi-sphères de glace. À l'aide d'un pinceau, imbibez les disques de gâteau de sirop de myrtilles, déposez dessus les demi-sphères, recouvrez de meringue, puis replacez au congélateur 10 minutes.

CHAPITRE IV

GROS GÂTEAUX

CHARLOTTE DU CHAPELIER FOU

Qu'elles soient de tissus ou de biscuits, les charlottes sont affaire de chapeliers. Mais attention ! Si tel le Lièvre de mars et le Loir vous goûtez à cette douceur du Chapelier, vous pourriez bien en devenir… fou !

PRÉPARATION • **30 min** ◆ **RÉFRIGÉRATION** • **5 h**

◆ Rincez les fraises, réservez-en une poignée pour la décoration et coupez les autres en gros morceaux. Pelez les pêches, coupez ½ pêche en tranches et le reste en dés.

◆ Mélangez dans un bol la crème Chantilly avec la confiture de mûres. Incorporez ensuite délicatement les morceaux de fraise et de pêche.

◆ Tapissez l'intérieur de votre chapeau ou, à défaut, un moule à charlotte, de film alimentaire en le faisant largement déborder à l'extérieur.

◆ Versez le sirop de canne dans une assiette creuse et trempez-y les biscuits sans les imbiber. Tapissez le moule à charlotte de biscuits en commençant par les côtés et en doublant l'épaisseur dans le fond du moule. Versez la moitié de la garniture aux fruits, recouvrez d'une couche de biscuits et recommencez en terminant par les biscuits.

◆ Rabattez le film alimentaire sur le gâteau, posez une assiette sur le moule, elle-même surmontée d'un poids (la plus lourde de vos théières ou une boîte de conserve, par exemple) pour bien tasser la préparation, et placez au réfrigérateur pour 5 heures.

◆ Démoulez avec précaution sur le plat de service, ôtez le film et décorez votre couvre-chef avec les fraises réservées.

INGRÉDIENTS • **6-8 personnes**

36 biscuits roses de Reims
500 g de fraises
3 pêches de vigne
1 verre de sirop de sucre de canne
3 cuil. à soupe de confiture de mûres
1 flacon de crème Chantilly

STRUDEL DE QUEENIE GOLDSTEIN

Des invités de dernière minute ? Pas de panique ! Telle Queenie Goldstein, dont la beauté n'a d'égal que ses talents magiques de cuisinière, dégainez votre baguette magique et, avec la grâce et le sourire qui vous rendent irrésistible, improvisez cette merveille aux parfums exquis qui ne manquera pas de faire tomber vos convives sous le charme…

INGRÉDIENTS • 6 personnes

1 pâte filo (ou 1 pâte feuilletée)
4 pommes
30 g de vergeoise blonde (ou, à défaut, de sucre en poudre)
50 g de raisins secs
50 g de poudre de noisettes
30 g de beurre
Le jus de 1 citron
½ cuil. à café de cannelle
1 jaune d'œuf pour la dorure
Sucre glace pour la décoration

PRÉPARATION • 30 min ◆ CUISSON • 35 min ◆ REPOS • 30 min

◆ Préchauffez le four à 220 °C (th. 7-8).

◆ Épluchez les pommes, coupez-les en petits morceaux, versez dessus le jus de citron et mélangez bien afin d'éviter qu'elles ne brunissent. Ajoutez ensuite les raisins secs, la poudre de noisettes, la vergeoise, la cannelle et le beurre coupé en tout petits dés, puis brassez dans la bonne humeur.

◆ Vérifiez qu'il n'y a pas d'animaux bizarres dans les parages et déposez un torchon propre et très légèrement humide sur le plan de travail. Étalez sur le torchon la pâte filo avec moult précautions afin de ne pas la trouer, puis répartissez votre mélange sur la pâte avant de rouler le strudel en vous aidant du torchon.

◆ À la manière de Maman Kowalski, soulevez votre petit paquet, déposez-le sur la plaque de cuisson et à ce moment-là seulement enlevez le torchon.

◆ Battez le jaune d'œuf dans un petit bol et badigeonnez-en le strudel à l'aide d'un pinceau, puis enfournez pour 35 minutes jusqu'à ce qu'il soit bien doré.

◆ Laissez refroidir et saupoudrez de sucre glace avant de déposer délicatement le strudel dans la valise de votre fils chéri. Quel plaisir de le déguster en s'enivrant de ses délicieux parfums !

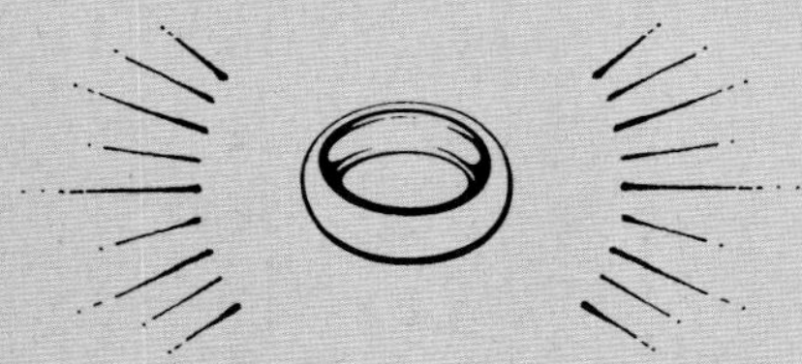

ANNEAU DES NIBELUNGEN

Fils du brouillard, les nains sujets du roi Nibelung sont les gardiens d'immenses trésors sous leurs montagnes. L'un d'eux possède même une chose unique : un anneau rendant invisible celui qui le porte, mais qu'une malédiction accompagne. Siegfried, après avoir vaincu le dragon Fafnir, reste sourd aux avertissements des nains et s'empare de l'anneau…

PRÉPARATION • **30 min** ◆ **CUISSON** • **45-50 min** ◆ **REPOS** • **30 min**

◆ Dans l'obscurité des grottes, faites chauffer four et forges à 180 °C (th. 6).

◆ Versez 12,5 cl d'eau, le sel, le sucre en poudre et le beurre dans un chaudron et que chauffe, chauffe, chauffe ce mélange jusqu'à ce qu'il bout. Protégé par des gants du cuir le plus épais, sortez le chaudron des flammes et, hors du feu, ajoutez la farine en une seule fois. Remettez sur les flammes et desséchez la pâte à feu doux en mélangeant 2 minutes, jusqu'à ce qu'une fine membrane se forme au fond du chaudron. Retirez à nouveau du feu et refroidissez l'amalgame en le mélangeant sans cesse pendant 10 minutes.

◆ Incorporez alors les œufs petit à petit et mélangez jusqu'à ce que la pâte soit aussi satinée que les rives scintillantes du Rhin.

◆ Recouvrez une plaque de cuisson de papier sulfurisé, emplissez une poche munie d'une douille n° 4 de pâte et tracez un anneau de 30 cm de diamètre. Enfournez dans le secret de la chaleur des braises 35 à 40 minutes sans jamais ouvrir la porte, puis sortez l'anneau et laissez-le refroidir totalement à température de grotte.

◆ Préparez alors la garniture : torréfiez les amandes dans une poêle. Râpez le chocolat en copeaux et égouttez les cerises, puis dans un large bol mélangez-les à la crème Chantilly. Emparez-vous ensuite de la lame la plus fine et coupez l'anneau en deux dans l'épaisseur. Garnissez la partie inférieure de crème, replacez le couvercle, parsemez d'amandes et saupoudrez de sucre glace avant de déguster sous le couvert de la sombre forêt.

INGRÉDIENTS • **8 personnes**

La pâte à choux

125 g d'œufs battus (3 œufs environ)
80 g de farine tamisée
60 g de beurre
5 g de poudre de cacao non sucré
2 g de sucre en poudre
2 g de sel

La garniture

2 flacons de crème Chantilly
1 bocal de cerises au naturel
100 g d'amandes effilées
50 g de chocolat noir
Sucre glace pour la décoration (facultatif)

BABA YAGA

GÂTEAU DES SORCIÈRES DE L'OURAL

Certes, je suis une sorcière, de celles qui terrifient les enfants et lancent des sorts terribles aux parents. Mais si l'on me pense toujours balayant ma chaumière, gardant le royaume des morts, volant à travers les cieux, commandant aux animaux et aux phénomènes célestes ou chassant le garnement, on en oublie que moi, ce que j'aime, c'est préparer ce gâteau pour mes filles.

INGRÉDIENTS • 6-8 personnes

1 kg de fromage blanc
250 g de beurre mou
250 g de sucre en poudre
4 jaunes d'œufs
150 g de fruits confits
120 g d'amandes brisées
2 gousses de vanille
1 pincée de sel

PRÉPARATION • 15 min ◆ RÉFRIGÉRATION • 1 nuit

Note : cette recette, réservée aux sorciers et sorcières aux bras musclés, a pour avantage de ne pas comporter de cuisson... Aucun risque de finir au four par inadvertance comme la fille de Baba Yaga !

◆ Conservez quelques fruits confits pour la décoration et coupez le reste en petits dés (les fruits uniquement, pas vos doigts !). Coupez les gousses de vanille en deux dans la longueur puis, à l'aide de la pointe de votre couteau favori, prélevez les graines et réservez-les dans un coin frais de votre isba.

◆ Dans une grande terrine, mélangez vivement le beurre avec le sucre puis ajoutez le fromage blanc. Complétez avec les jaunes d'œufs, les dés de fruits confits, les amandes brisées, les graines de vanille, le sucre et la pincée de sel. Oui, je sais, le mélange est fort collant, mais que voulez-vous, cette recette est vraiment pour les bras musclés.

◆ Emplissez un moule en silicone d'une jolie forme de votre choix (fleur, dragon...) avec cette préparation en tassant bien. Posez une assiette sur le moule, puis un poids (une enclume, la collection de fers à repasser de Grand-Maman ou une boîte de conserve) et placez au réfrigérateur pour toute la nuit. N'hésitez pas à installer des pièges pour décourager les gourmands et capturer par la même occasion de petits enfants à faire rôtir pour une autre recette.

◆ Le matin suivant, démoulez avec précaution, décorez avec les fruits confits restants et dégustez. Bon appétit !

FAR DE LA REINE DAHUT

La légende raconte que Dahut, princesse-fée contemporaine de Merlin, protectrice de la ville d'Ys, commanda à la montée des eaux jusqu'à une funeste nuit durant laquelle un démon profita de son sommeil pour lui voler la clé des digues protégeant la cité. On raconte que, ravagée par le chagrin, elle se transforma en sirène, continuant de veiller pour l'éternité sur sa ville engloutie dans la baie de Douarnenez.

PRÉPARATION • 10 min ◆ CUISSON • 1 h 35

◆ Préchauffez le four à 150 °C (th. 5).

◆ Laissez tiédir le lait dans un chaudron ou une casserole à feu très doux pour ne pas le faire déborder (ce qui vous évitera le chagrin de Dahut).

◆ Dans un large bol, fouettez les œufs avec le sucre tout en incorporant la farine petit à petit. Lorsque la pâte est bien lisse et homogène, ajoutez le lait en remuant sans cesse afin d'éviter les grumeaux.

◆ Versez la pâte dans le plat de cuisson, répartissez les pruneaux, ajoutez la lichette de beurre salé et enfournez pour 1 h 30.

◆ À déguster tiède ou froid accompagné d'un excellent jus de pomme.

INGRÉDIENTS • 6-8 personnes

1 l de lait entier
6 œufs
250 g de farine
250 g de sucre en poudre
200 g de pruneaux
1 noisette de beurre salé

TARTE DE DAME SÉLI

À Kaamelott, la confection des tartes est un sujet sur lequel on ne plaisante pas. Il se murmure dans les couloirs que, lassée et agacée d'essuyer les remarques les plus diverses sur ses talents de pâtissière, dame Séli se serait risquée à demander l'aide de Merlin. Comme quoi l'on peut être enchanteur aléatoire et pas si piètre pâtissier.

INGRÉDIENTS • 6-8 téméraires

1 pâte brisée (chez votre pâtissier)
500 g de fraises des bois
250 g de groseilles à maquereau
200 g de crème fraîche
150 g de sucre vanillé
2 œufs
1 trait de jus de citron

PRÉPARATION • 20 min ◆ CUISSON • 35 min ◆ RÉFRIGÉRATION • 1 h

Ma Mie,

Vous m'avez mandé les dernières nouvelles de la Cour, eh bien, figurez-vous qu'une nouvelle recette de tarte y connaît un certain succès.
Il vous faut donc des fraises des bois et des groseilles à maquereau, fraîchement récoltées par les bons soins de nos fidèles serviteurs, que l'on rince, équeute et tranche ensuite dans le sens de la longueur – bien sûr, il s'agit des fruits, non des serviteurs.
On les place ensuite dans une jatte, les fruits encore une fois, et on les recouvre de la moitié du sucre et de jus de citron en laissant macérer le temps d'écouter messire Karadoc narrer à sa manière la façon de jouer au sirop.
On tapisse alors un moule (ou même un bouclier un peu aplati) avec la pâte que l'on pique afin qu'elle ne se déforme pas à la cuisson.
Le four est préchauffé à 220 °C (th. 7-8).
On mélange ensuite les œufs avec le reste du sucre et la crème, puis on recouvre le fond de tarte de cette préparation.
Il faut alors enfourner pour 35 minutes.
On laisse refroidir, puis les fruits sont ajoutés avec leur jus si merveilleusement parfumé.
On remet au frais 1 heure pour le moins, le temps de quérir les rares convives qui n'auraient pas été alléchés par les enivrantes odeurs émanant des cuisines.

Votre affectionné.

Bohort

GÂTEAU 1 000 CRÊPES DU VAL SANS RETOUR

Parce qu'un chevalier lui avait été infidèle et lui avait brisé le cœur, la fée Morgane avait jeté un sort sur un vallon de la forêt de Brocéliande, condamnant les amants infidèles à ne jamais en ressortir malgré les mille détours qu'ils pourraient emprunter. On raconte qu'un siècle plus tard Lancelot du Lac parvint à les délivrer : ils étaient 253…

INGRÉDIENTS • 6 personnes

35 cl de lait
300 g de compote de pommes
50 g de sucre en poudre
125 g de farine
3 œufs
3 noisettes de beurre salé
1 cuil. à soupe d'huile au goût neutre (colza…)
Quelques gouttes de jus de citron

PRÉPARATION • 40 min ◆ REPOS • 30 min ◆ CUISSON • 1h

◆ Préchauffez le four à 180 °C (th. 6).

◆ Réalisez une petite montagne de crêpes : tamisez la farine dans une jatte, cassez les œufs au centre et remuez. Versez le lait et l'huile petit à petit pour éviter les grumeaux et mélangez. Laissez reposer au moins 30 minutes. Versez une louche de pâte dans une poêle bien chaude, faites cuire 2 à 4 minutes sur une face, puis faites sauter la crêpe pour la retourner. Continuez ainsi jusqu'à ce que vous n'ayez plus de pâte.

◆ Déposez 1 crêpe dans un moule rond (de même diamètre que la poêle), tartinez-la d'une fine couche de compote, recouvrez d'une deuxième crêpe et continuez ainsi jusqu'à n'avoir plus ni compote ni crêpes.

◆ Déposez quelques lamelles de beurre salé sur le dessus et enfournez pour 20 minutes. Quelques instants avant la fin de la cuisson du gâteau de crêpes, versez 1 cuillerée à soupe d'eau, le sucre et le jus de citron dans une casserole. Portez à ébullition sans remuer. Dès que le sucre prend une belle couleur dorée, ajoutez le beurre restant et ôtez la casserole du feu. Mélangez doucement pour répartir le beurre dans le caramel, puis versez sur le gâteau de crêpes.
À déguster chaud, tiède ou froid !

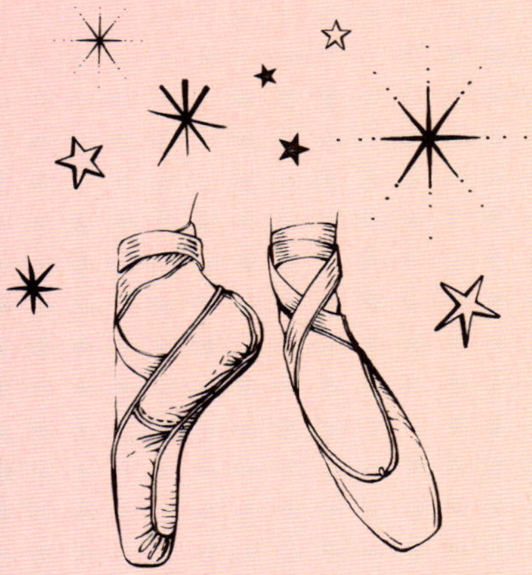

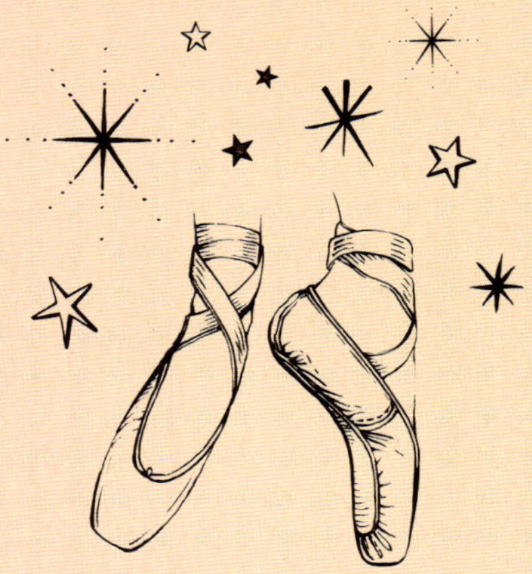

PAVLOVA DE CLARA

Il était une fois une petite fille prénommée Clara qui aimait tellement danser et danser encore qu'elle devint l'une des plus célèbres ballerines de tous les temps. Sa grâce et sa légèreté étaient telles que l'on créa un dessert pour que personne ne puisse oublier l'étoile qu'elle était.

PRÉPARATION • 40 min ◆ CUISSON • 1 h ◆ REPOS • 1 h

◆ <u>ACTE I</u> :
Dans les coulisses, le four et les danseurs s'échauffent à 150 °C (th. 5).
Les blancs d'œufs accompagnés d'une pincée de sel sont battus en une neige aussi ferme que le tutu de la prima ballerina.
Puis les sucres mélangés sont ajoutés au fur et à mesure, et la meringue devient légère et brillante, les fouets du batteur forment alors des pointes « en bec d'oiseau ».
Une feuille de papier sulfurisé vient s'allonger sur la plaque de cuisson.
On y dessine avec une poche à douille (ou un sac de congélation dont on coupe un angle) une spirale de meringue de 20 cm de diamètre, puis on repasse une seconde fois sur les côtés pour former un rebord.
La meringue est enfournée pour 1 acte ou 1 heure.
Elle est sortie pour être refroidie et n'est qu'ensuite décollée.

◆ <u>ACTE II</u> :
Après l'entracte, une casserole d'eau est placée sur feu vif. Lorsque de gros bouillons dansent et tourbillonnent, les pêches sont plongées 1 minute avec précaution dans l'eau. On ôte ensuite la peau des fruits et leur noyau, et la chair est alors découpée en tranches de 0,5 cm d'épaisseur.
Les figues sont rincées et mixées avec le sucre et le jus de citron, puis ce coulis est passé au tamis afin d'en retirer les grains.

◆ <u>ACTE III</u> :
On dépose la crème Chantilly dans le fond du nid de meringue, les tranches de pêche viennent former dessus une rosace emmêlée de coulis de figues, et le final s'achève sous une pluie de noisettes.

INGRÉDIENTS • 6-8 personnes

<u>La meringue</u>
- 100 g de blancs d'œufs (2-3 œufs)
- 100 g de sucre glace
- 100 g de sucre semoule
- 1 pincée de sel

<u>La garniture</u>
- 500 g de pêches de vigne
- 250 g de figues
- 100 g de noisettes concassées et torréfiées
- 40 g de sucre en poudre
- 1 cuil. à soupe de jus de citron
- 1 flacon de crème Chantilly

MULTICLASSE D'ARAIGNÉES

Ah, les joies des déambulations dans les souterrains, les caves, les passages secrets… On y rencontre toujours des créatures extraordinaires : géantes, méphitiques, pustuleuses, phosphorescentes ou qui se démultiplient à l'infini, sans parler de leurs venins aux propriétés diversement néfastes. Quel effroi ! Mais pour une fois, ne faites pas les dégoûtés, laissez-vous prendre dans cette toile et régalez-vous.

INGRÉDIENTS • **6-8 personnes**

1 gâteau quatre-quarts pour 6 personnes
1 boîte de fruits au sirop
100 g de chocolat au lait coupé en morceaux
50 amandes effilées
20 raisins secs
1 sachet de jelly de la couleur de votre choix (au rayon cuisine du monde)
1 pruneau
1 rouleau de fil de réglisse
2 cuil. à soupe de crème fouettée

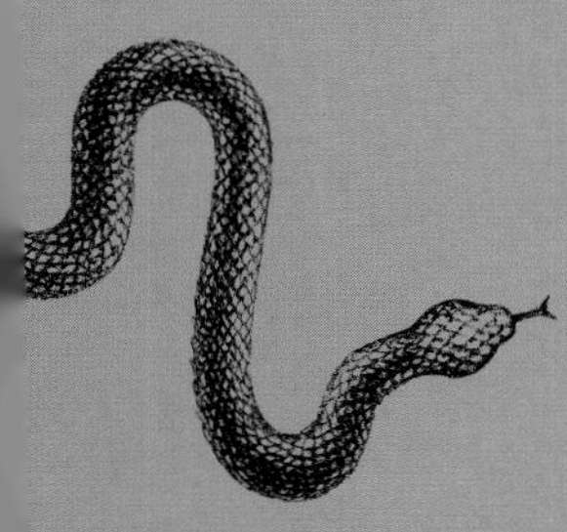

PRÉPARATION • **30 min** ◆ **RÉFRIGÉRATION** • **2 h** ◆ **CUISSON** • **5 min**

◆ Commencez par réaliser les mouches qui serviront de leurre au perfide arachnide : les raisins secs forment le corps, et les amandes les ailes. Plongez la pointe de la lame d'une dague dans la largeur de chaque grain de raisin, puis placez un copeau d'amande dans chacune de ces incisions (si certaines amandes se brisent, pas de panique, vous en avez suffisamment en réserve).

◆ Coupez le 4/4 en tranches et tapissez-en les bords d'un vase de cristal (ou un saladier transparent) en veillant à bien les serrer. Glissez quelques mouches entre la paroi et le gâteau.

◆ Égouttez les fruits au sirop, coupez-les en morceaux si besoin, et versez-les dans le saladier. Réalisez la jelly selon les instructions indiquées sur le paquet, puis versez-la sur les fruits qui vont se mettre à flotter (réaction normale et attendue qui peut servir de diversion). Laissez prendre au réfrigérateur au moins 1 heure.

◆ Profitez de l'attente pour résoudre quelques énigmes, puis retournez aux fourneaux et faites fondre le chocolat dans une casserole au bain-marie. Versez-le sur la gelée durcie, lissez bien et remettez au frais encore 1 heure, le temps qu'il durcisse.

◆ Versez la crème fouettée dans un cornet de papier sulfurisé et dessinez une toile d'araignée sur le chocolat. Préparez l'araignée en plaçant le pruneau au centre, puis en disposant des fils de réglisse pour figurer les 8 pattes. Disposez le reste des mouches sur la toile et préparez vos sorts.

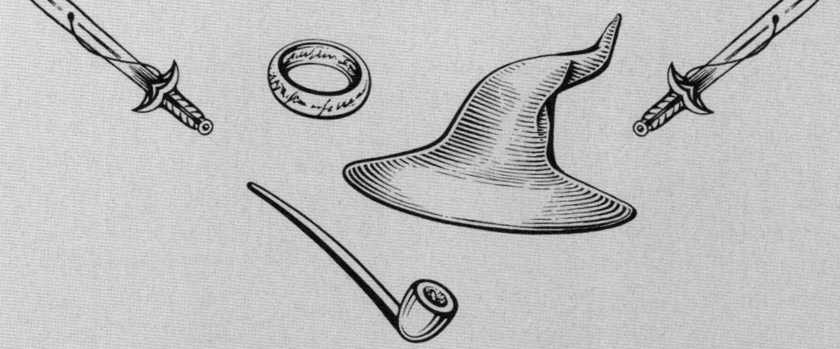

GÂTEAU DE GANDALF

Foi de magicien ! Quitte à préparer une expédition pour récupérer le royaume perdu de l'héritier d'un roi nain, autant le faire avec le ventre bien rempli, dans la salle à manger chaleureuse d'un certain Bilbo, respectable hobbit de son état, vaillant ami à toute heure et courageux cambrioleur de dragons si la situation l'exige.

INGRÉDIENTS • 6 personnes

350 g de farine
250 g de beurre
125 g de sucre en poudre
2 œufs
30 g de graines d'anis pilées
15 g de levure chimique
1 pincée de noix de muscade
1 pincée de sel

PRÉPARATION • 10 min ◆ CUISSON • 50 min

◆ Alors que l'après-midi touche à sa fin dans la Comté, préchauffez le four à 180 °C (th. 6).

◆ Tamisez la farine dans un grand bol, puis mélangez-la avec la levure et le beurre coupé en morceaux jusqu'à ce que la pâte devienne aussi friable que le cœur de votre cousine Lobelia de Besace. Ajoutez alors le sucre, la pincée de sel, la noix de muscade, l'anis et mélangez soigneusement.

◆ Dans un bol, battez les vivement œufs en omelette et versez sur le précédent mélange. Mélangez encore jusqu'à obtenir un ensemble homogène. Versez le tout dans votre moule favori et enfournez pour 50 minutes environ, jusqu'à ce que le gâteau soit doré et bien gonflé et que la lame de votre épée ou d'un couteau en ressorte bien propre.

TARTE DE BILBO

La tarte de Bilbo réputée jusqu'au gué de Touques, lui vient de sa cousine Primula du côté Brandebouc. À la déguster en compagnie de Gandalf et d'une assemblée de treize nains, on en oublierait presque son mouchoir en quittant Cul-de-Sac !

PRÉPARATION • 20 min ◆ RÉFRIGÉRATION • 30 min
CUISSON • 45 min ◆ REPOS • 20 min

◆ Préchauffez le four à 180 °C (th. 6).

◆ Préparez la pâte de la sorte : mélangez la farine tamisée et le beurre coupé en morceaux jusqu'à ce que le tout devienne sableux. Faites un puits au centre, ajoutez l'œuf, le sel et 2 cuillerées à soupe d'eau et formez une pâte souple. Roulez en boule et entourez d'un linge avant de placer au frais 30 minutes, le temps d'aller voir ce que fabriquent ces jeunes garnements de Touques.

◆ Étalez la pâte, déposez-la dans un moule et piquez-la afin qu'elle ne cloque pas durant la cuisson. Couvrez-la d'une feuille de papier sulfurisé, puis d'une couche de légumes secs et enfournez pour 35 minutes.

◆ Pendant ce temps, lavez et épluchez les pommes, coupez la majorité en cubes, mais taillez aussi quelques tranches pour la décoration. Massez ensuite les morceaux de fruits avec le jus de citron afin d'éviter qu'ils ne brunissent. Versez les cubes dans une casserole avec de l'eau, le sucre en poudre et les morceaux de beurre, couvrez et laissez compoter 15 minutes à feu doux.

◆ Sortez le plat du four, retirez le papier sulfurisé et les légumes secs (vous pourrez les réutiliser dès qu'ils auront refroidi). Garnissez le fond de tarte de compote de pommes, puis disposez les tranches de pomme selon votre fantaisie du jour, saupoudrez de sucre vanillé et enfournez pour encore 10 minutes.

◆ Servez tiède, accompagné d'une généreuse louche de compote de framboises.

INGRÉDIENTS • 6 personnes

1,5 kg de pommes
250 g de sucre en poudre
120 g de compote de framboises
20 g de beurre
Le jus de 1 citron
1 cuil. à soupe de sucre vanillé

La pâte

250 g de farine
120 g de beurre
1 œuf
1 pot de légumes secs (pois, haricots...) pour la cuisson
½ cuil. à café de sel

GÂTEAU D'ANNIVERSAIRE DE BILBO

Bilbo décida de célébrer ses vénérables 111 ans, et pour cela il organisa une fête comme un hobbit n'en avait jamais vu. Après le feu d'artifice de Gandalf et les chansons, vint l'heure du discours. Bilbo mit alors l'anneau ramené il y a fort longtemps d'un lointain voyage. Il ne s'agissait pas de n'importe quel anneau, mais de l'Anneau Unique convoité par Sauron qui, lorsque Bilbo disparut, jeta soudain les autres hobbits dans une aventure dont ils n'avaient pas encore idée.

INGRÉDIENTS

• 12 personnes (ou 4 hobbits)

La pâte

6 œufs
150 g de sucre en poudre
100 g de farine
2 cuil. à soupe de poudre d'amandes
Le zeste râpé de 1 citron bio

La garniture

1 kg de fraises
50 g de crème fouettée
4 cuil. à soupe de sucre en poudre

Le glaçage

400 g de sucre en poudre
6 cl de miel liquide
27 g de poudre de meringue
(sur Internet ou en magasin spécialisé, la poudre de meringue remplace les blancs d'œufs crus afin de diminuer le risque d'intoxication bactérienne)

La décoration

1 brassée de fleurs comestibles (et non exposées aux engrais) : roses (et trémières), lilas, violettes, mimosas, mauve, bourrache, menthe...

PRÉPARATION • 45 min ◆ REPOS • 1 h 10

◆ Dans une maison, il y avait une cuisine où l'on préparait un gâteau très spécial pour un décante-unième anniversaire ! Pour cela, il fallait réaliser la pâte en travaillant les jaunes d'œufs, le sucre et le zeste de citron jusqu'à ce que l'ensemble forme un ruban, puis incorporer la farine et la poudre d'amandes. Dans le même temps, le four était préchauffé à 180 °C (th. 6). Et tandis qu'au-dehors on s'affairait à dresser les tables, on battait les blancs d'œufs en neige très ferme avant de les ajouter au mélange.

◆ La pâte était ensuite répartie dans 2 moules ronds, un grand et un moyen, et cuisait 35 minutes environ. On démoulait alors les gâteaux et on les laissait refroidir sur une grille posée au bord de la fenêtre, tout en préparant la garniture : les fruits rincés, coupés en dés et se retrouvaient jetés dans un bol et mélangés avec la crème et le sucre.

◆ On coupait alors les gâteaux en deux dans l'épaisseur et on les garnissait généreusement avant de poser le plus petit sur le plus large.

◆ C'est à ce moment que l'on procédait à la délicate opération du glaçage. Pour cela, on battait la poudre de meringue et 12 cl d'eau froide durant 4 minutes. On portait ensuite 12 cl d'eau, le sucre et le miel à ébullition, on laissait refroidir le tout, mais pas trop, et on versait ce sirop en filet sur la préparation à la meringue tout en continuant de mélanger. On battait encore 4 minutes précisément en s'aidant de la montre à gousset de l'oncle Brandebouc. Le glaçage alors lisse et brillant, pouvait être versé sur les gâteaux. On égalisait à la spatule et on laissait sécher le temps de revêtir ses plus beaux atours.

◆ Puis on disposait les fleurs et bougies et on se régalait en écoutant d'étranges histoires...

OMELETTE SUCRÉE DES KOBOLDS

Après que les kobolds ont capturé la dernière licorne, la neige, le froid et la désolation ont figé le monde entier. Quel formidable terrain de jeu pour des kobolds destructeurs ! Aller piller le garde-manger d'une ferme et se concocter une dé-li-cieu-se omelette sucrée au nez et à la barbe des fermiers pétrifiés. Ha, ha, ha !

INGRÉDIENTS • 4 personnes

6 œufs
50 g d'angélique confite
40 g de beurre
3 cuil. à soupe de sucre vanillé
1 cuil. à soupe de crème fraîche épaisse

PRÉPARATION • 5 min ◆ **CUISSON** • 7 min

◆ À présent que la licorne n'est plus et que le désespoir et la ruine règnent, coupez et découpez les bâtons d'angélique confite en petits morceaux, puis cassez les œufs dans un bol. Battez-les et fouettez-les en ajoutant la crème, le sucre et les morceaux de fruits.

◆ Faites flamber les bûches dans la cheminée et faites fondre le beurre dans une grande poêle. Versez-y la préparation aux œufs et laissez-la cuire 5 minutes, le temps d'une première danse de victoire.

◆ Sortez l'omelette des flammes infernales, glissez-la en la repliant en chausson dans un plat allant au four et passez-la 2 minutes sous le gril, jusqu'à caramélisation.

◆ Dégustez en vous repaissant des dégâts causés, puis retournez auprès du Maître des Ténèbres l'aider à assouvir ses sombres desseins.

TARTE DE LA REINE DES SORCIÈRES

Le grand Shakespeare, qui aimait cette tarte au point de la faire servir à ses acteurs après toutes ses représentations, y fit allusion dans ses vers et nous permet ainsi de continuer à nous en régaler. Que concoctent les sorcières de la lande lorsque Macbeth, se lamentant sur son avenir, vient les retrouver afin qu'elles lui révèlent son destin ? Cette tarte aux poires, assurément !

INGRÉDIENTS • 6 personnes

La pâte

250 g de farine + un peu pour le plan de travail
125 g de beurre mou
1 pincée de sel
1 capsule de safran (facultatif)

La garniture

3 poires
80 g de cerises confites
Le jus de 1 citron
2 cuil. à soupe de miel liquide
2 cuil. à soupe de jus de poire
1 cuil. à soupe de farine
1 pincée de cannelle en poudre
1 pincée de gingembre moulu

PRÉPARATION • 30 min ◆ RÉFRIGÉRATION • 30 min
CUISSON • 45 min

◆ Tandis que l'escorte de Macbeth s'avance sur la lande, préparez la pâte : mélangez la farine avec le safran, le sel et le beurre mou. Ajoutez ensuite 6,5 cl d'eau et pétrissez jusqu'à ce que la pâte soit aussi souple qu'un bon serviteur. Recouvrez-la d'un film alimentaire et placez-la dans un recoin frais de votre grotte (ou au réfrigérateur) le temps de dévoiler son avenir au roi (30 minutes).

◆ Préchauffez le four à 180 °C (th. 6).

◆ Tandis que le roi se tourmente, épluchez les poires rincées à l'eau la plus pure, ôtez leur cœur et coupez la chair en quartiers. Coupez les cerises confites en deux. Dans une jatte, mêlez les morceaux de poire, le jus de citron et les cerises confites. Ajoutez ensuite la farine, la cannelle et le gingembre. À part, mélangez le miel et le jus de poire : touillez trois fois pour toi et trois pour moi et encore trois qui font neuf.

◆ Sur un plan de travail fariné, étalez la pâte en lui donnant la forme de l'astre solaire. Placez en son centre le mélange fruits-épices et rabattez les côtés de la pâte vers le centre de manière à recouvrir partiellement les fruits. Versez alors le jus de poire miellé au centre de la tarte, enfournez pour 45 minutes et dégustez dès que le roi aura tourné les talons.

GÂTEAU ROULÉ DE MME CASTOR

Dans L'Armoire magique, *quand Peter, Susan et Lucy arrivent chez M. et Mme Castor — sans Edmund, alors sous le charme de la Sorcière Blanche — ceux-ci régalent les enfants d'un merveilleux repas dont le point d'orgue — et la fierté de Mme Castor — est son légendaire gâteau roulé à la marmelade d'oranges.*

PRÉPARATION • 10 min ◆ CUISSON • 10 min ◆ REPOS • 30 min

INGRÉDIENTS
• 4 personnes

150 g de marmelade d'oranges
100 g de sucre en poudre
100 g de farine
4 œufs
50 g de beurre
1 pincée de sel

◆ Préchauffez le four à 180 °C (th. 6) et tapissez un plat carré de papier sulfurisé.

◆ Enfilez votre plus beau tablier et, pendant que M. Castor s'affaire au barrage, cassez les œufs en séparant les jaunes des blancs. Montez les blancs en neige bien ferme avec une pincée de sel dans une terrine à fleurs bleues et réservez.

◆ Faites tiédir le beurre dans une petite casserole posée sur feu doux.

◆ Dans une seconde jatte à la couleur et au motif de votre choix, battez les jaunes d'œufs avec le sucre jusqu'à ce que le mélange blanchisse et devienne mousseux. Incorporez alors la farine en la tamisant, puis le beurre et, enfin, les blancs en neige. Mélangez en faisant des gestes bien amples de manière à emmagasiner le plus d'air possible dans votre préparation. Versez la pâte dans le plat et enfournez pour 10 minutes.

◆ Sortez le biscuit du four. Étalez un torchon à rayures bien propre sur la table de la cuisine, déposez le biscuit dessus, puis enroulez-le encore tout chaud dans le torchon. Laissez refroidir ainsi.

◆ Déroulez le biscuit, nappez généreusement de marmelade d'oranges, refermez le gâteau, lissez et coupez en tranches généreuses. Entendez-vous ces rires et ce bruit de clochettes ? Il se pourrait bien que l'hiver de la Sorcière Blanche touche à sa fin et que ce soit bientôt Noël…

SOUFFLÉS DE M. TUMNUS

Lorsque Lucy Pevensie pénètre pour la première fois à Narnia, elle fait la connaissance de M. Tumnus. Le faune à l'écharpe rouge et la petite fille sortie de l'armoire magique sympathisent vite et se retrouvent bientôt au coin du feu à déguster de délicieux gâteaux recouverts de sucre glace.

INGRÉDIENTS • 6 personnes

350 g de chocolat à cuire
150 g de sucre en poudre
110 g de beurre mou + un peu pour les ramequins
10 blancs d'œufs
6 jaunes d'œufs
Sucre glace pour la décoration

PRÉPARATION • 20 min ◆ **CUISSON** • 12 min

◆ Préchauffez le four à 200 °C (th. 6-7).

◆ Brisez le chocolat en petits morceaux, coupez le beurre en dés et versez le tout dans une casserole au bain-marie. Laissez fondre en remuant de temps à autre.

◆ Pendant ce temps, battez les blancs d'œufs avec une pincée de sel en neige bien ferme. Ajoutez le sucre en poudre petit à petit en remuant de façon ample de manière à emprisonner un maximum d'air dans la préparation. Ajoutez ensuite les jaunes d'œufs, puis le chocolat fondu en mélangeant toujours avec délicatesse.

◆ Versez dans des ramequins beurrés. Lissez et essuyez en partant des bords vers le centre des ramequins, puis enfournez pour 12 minutes environ sans jamais ouvrir la porte du four. Saupoudrez de sucre glace et servez de suite. Cela occupera bien Tumnus et l'empêchera de jouer de sa flûte.

PUDDING DE SALEM

Ce que l'on ne ferait pas pour une portion de pudding supplémentaire ! Si délicieusement réconfortant, doux et généreux, durant ce si rude hiver 1692 où sévit la disette, que l'on en viendrait à inventer tout et n'importe quoi, à accuser n'importe qui de sorcellerie ou d'envoûtement pour en déguster encore juste une lichette, rien qu'une... Seriez-vous prêt, vous aussi, à risquer le bûcher ou la corde pour un dessert ?

PRÉPARATION • 15 min ◆ **CUISSON** • 2 h ◆ **RÉFRIGÉRATION** • 30 min

◆ Lorsque la lune est jeune et le ciel pas encore étoilé, préchauffez le four à 160 °C (th. 5-6).

◆ Prélevez 75 cl de lait que vous ferez tiédir dans une casserole au préalable rincée à l'eau d'une source consacrée. Versez la mélasse et mélangez doucement en psalmodiant un poème de votre goût. Lorsque le mélange est homogène, tamisez la fécule de maïs directement au-dessus de la casserole et incorporez-la petit à petit en fouettant vivement afin de réduire les grumeaux à néant. Ôtez du feu et laissez reposer les esprits.

◆ Dans une jatte, mélangez l'œuf, le sucre et la cannelle, sans oublier d'ajouter votre pincée de sel. Versez le contenu de la jatte dans la casserole et mélangez à nouveau vivement. Emplissez-en un moule à pudding et enfournez pour 30 minutes.

◆ Munissez-vous d'un couteau rituel et coupez le beurre en morceaux que vous ferez fondre avec le restant de lait. Au bout de 30 minutes, versez le mélange lait-beurre sur le pudding et poursuivez la cuisson pendant 1 heure.

◆ Sortez le pudding du four, laissez-le tiédir et servez généreusement accompagné de crème glacée à la vanille. De quoi envoûter vos invités !

INGRÉDIENTS • **6-8 personnes**

1 l de lait
125 g de sucre en poudre
60 g de mélasse (au rayon produits du monde)
50 g de fécule de maïs
50 g de beurre
1 œuf
½ cuil. à café de cannelle en poudre
1 pincée de sel

L'accompagnement
50 cl de crème glacée à la vanille

GÂTEAU VERT DE FIONA

Pour célébrer le premier anniversaire de leurs enfants — Fergus, Furckle et Félicia —, Fiona a préparé un magnifique gâteau aux couleurs de la famille. Hélas ! une accumulation de bévues provoque le courroux de Shrek qui fait alors le souhait de retrouver « sa vie d'avant ». Pris au mot par le gnome Tracassin, l'ogre se retrouve dans un univers parallèle dans lequel il n'a jamais existé.

INGRÉDIENTS • 8 personnes

1 pâte brisée
2 avocats
50 cl de lait concentré non sucré
10 cl de jus de citron
1 bocal de légumes secs (pois, haricots...)
Crème Chantilly pour la décoration
Amandes effilées pour la décoration

PRÉPARATION • 20 min ◆ CUISSON • 45 min
REPOS • 2 h ◆ RÉFRIGÉRATION • 3 h

◆ Le matin ou la veille : préchauffez le four à 180 °C (th. 6).

◆ Étalez la pâte brisée dans un moule et piquez le fond à l'aide d'un poignard bien effilé (ou d'une fourchette). Couvrez ensuite la pâte d'une feuille de papier sulfurisé, versez dessus les légumes secs jusqu'à recouvrir tout le fond. Enfournez pour 45 minutes (ou demandez à Dragonne de souffler doucement dessus). Sortez le plat du four et laissez refroidir complètement (2 heures ou toute la nuit).

◆ Plus tard ou le jour même, épluchez les avocats, puis dénoyautez-les avant de les écrabouiller en purée (servez-vous d'une fourchette plutôt que des mains, s'il vous plaît !). Mélangez cette purée avec le jus de citron et le lait concentré jusqu'à ce que le mélange soit bien homogène. Versez la mixture dans la croûte de pâte, lissez bien et placez 3 heures au réfrigérateur.

◆ Juste avant de servir, décorez de rosettes de crème Chantilly et d'amandes effilées.

TARTE À LA BOUE DU MARAIS

Ah !, quel délice pour un ogre bourru que de pouvoir savourer une merveilleuse tarte réalisée à partir de la boue de son marais bien-aimé… À déguster en compagnie de souris parlantes, d'un loup en chemise de nuit et d'un âne enthousiaste, gourmand et bavard… ou alors tout seul !

INGRÉDIENTS • 6 personnes

La pâte
400 g (2 paquets) de BN® au chocolat
75 g de beurre

La crème
200 g de sucre en poudre
180 de boue de qualité supérieure (ou de chocolat à cuire)
120 g de beurre
6 œufs
7,5 cl de café
3 cuil. à soupe d'extrait de vanille
1 pincée de sel

Le nappage
150 g de sucre en poudre
120 g de cacao en poudre
80 g de chocolat
80 g de fécule de maïs
45 g de beurre
4 œufs
20 cl de lait

La décoration
1 flacon de crème Chantilly

PRÉPARATION • 25 min ◆ CUISSON • 50 min
RÉFRIGÉRATION • 1 nuit + 40 min

◆ Profitez d'une journée brumeuse pour ramasser la boue la plus épaisse dans la partie la plus puante de votre marais favori. Rentré chez vous, préchauffez le four à 150 °C (th. 5) et faites fondre 75 g de beurre dans la cheminée. Broyez vaillamment les BN, versez dessus le beurre fondu et mélangez avec amour. Déposez une feuille de papier sulfurisé dans le fond d'un moule en veillant à ce qu'elle remonte bien sur les bords. Étalez le mélange et tassez en formant un rebord haut comme les poils de vos orteils (1 cm). Placez au réfrigérateur 10 minutes, puis au four 10 minutes et laissez refroidir hors de portée de la gourmandise de l'Âne.

◆ Remontez la chaleur du four à 180 °C (th. 6).

◆ Déposez 180 g de boue (ou de chocolat) avec 120 g de beurre coupé en morceaux dans une casserole au bain-marie et demandez au Chat Potté de le faire fondre dans la cheminée à feu doux. Ôtez le chapeau du chat de la casserole et versez-y le café, la pincée de sel et la vanille. Délogez les souris et mélangez 6 œufs avec 200 g de sucre jusqu'à ce que le mélange blanchisse, puis ajoutez le chocolat et mélangez. Versez sur le fond de tarte et enfournez pour 40 minutes, laissez reposer 1 nuit entière au frais.

◆ Le jour même, envoyez les importuns chercher Dragonne et profitez-en pour mélanger le cacao, la fécule, le sucre et les œufs battus, versez le lait petit à petit, puis portez sur feu moyen jusqu'au premier bouillon. Retirez du feu et ajoutez le beurre et un peu de boue (ou 80 g de chocolat en morceaux), puis continuez de mélanger jusqu'à refroidissement. Versez ensuite sur le gâteau et placez au frais pour 30 minutes. Décorez de rosettes de chantilly et dégustez en compagnie de vos invités…

CLAFOUTIS DE L'ÂNE

Jeunes mariés, Shrek et Fiona partent vers le royaume de Fort fort lointain, berceau de la princesse. Durant la longue, très très longue route, l'Âne, toujours enthousiaste et un brin bavard, propose de préparer un clafoutis aux cerises pour passer le temps.

PRÉPARATION • 15 min ◆ CUISSON • 45 min

◆ Préchauffez le four de carrosse à 180 °C (th. 6).

◆ Ôtez le noyau des cerises. Pour passer le temps, pourquoi ne pas organiser un concours de lancer de noyaux le long du chemin ?

◆ Tamisez la farine dans une jatte débarrassée de la poussière du voyage, ajoutez le sucre, puis le beurre ramolli derrière la fenêtre du carrosse et, enfin, le lait puis les œufs petit à petit.

◆ Coupez la gousse de vanille en deux dans le sens de la longueur et prélevez les graines avec la pointe d'un couteau ou d'un grattoir à dos. Ajoutez-les à la pâte.

◆ Disposez les cerises dans un plat à four en vous servant des fruits pour faire une partie de morpions. Versez la pâte sur les cerises et enfournez pour 45 minutes, le temps d'admirer le paysage ou de faire une partie de charades en compagnie de l'Âne.

INGRÉDIENTS • 6 personnes

750 g de cerises
25 cl de lait
4 œufs
125 g de sucre en poudre
100 g de farine
25 g de beurre mou
1 gousse de vanille

GÂTEAU BASQUE

Tara'tylanhnem T'al Barmi Ab Santa Ab Maru T'al Duncan, ou plus simplement Tara Duncan, coulait des jours à peu près paisibles auprès de sa grand-mère dans leur château du Pays basque, jusqu'au ce qu'elle se découvre à la fois sortcelière et héritière de l'une des plus puissantes dynasties d'AutreMonde. Et bien que les journées ne soient plus si ordinaires, il est tout de même bien agréable de retrouver le gâteau du goûter...

INGRÉDIENTS • 6-8 personnes

300 g de farine + un peu pour le plan de travail
200 g de sucre en poudre
120 g de beurre
100 g de confiture de cerises noires
2 œufs
1 citron bio
½ sachet de levure chimique
1 pincée de sel
Un peu de lait pour la dorure

PRÉPARATION • 30 min ◆ RÉFRIGÉRATION • 1 h
CUISSON • 30 min ◆ REPOS • 12 h

◆ Dans un grand saladier, mélangez le beurre coupé en petits morceaux avec le sucre et le sel. Prélevez le zeste du citron et taillez-le en tout petits-mini-riquiqui morceaux avant de les ajouter. Incorporez ensuite les œufs un par un.

◆ Lorsque la pâte est bien lisse, tamisez dessus la farine et la levure. Si elle colle, ajoutez encore un peu de farine. Formez ensuite une boule, enveloppez-la de film alimentaire et laissez reposer 1 heure au frais.

◆ Préchauffez le four à 180 °C (th. 6), soit en tournant le bouton, soit en utilisant un sort, selon vos capacités.

◆ Étalez la pâte sur un plan de travail fariné à hauteur de pieds de gnome (5 mm) et découpez 2 disques aux dimensions du moule.

◆ Déposez le premier disque dans le fond du moule, répartissez la confiture jusqu'à 1 cm des bords et refermez en posant le second disque par-dessus. Tracez de jolis quadrillages rituels, badigeonnez d'un peu de lait et placez au four sans rien carboniser autour de vous.

◆ Laissez cuire 30 minutes environ, jusqu'à ce que le gâteau prenne une belle couleur ambrée. Laissez refroidir hors des convoitises et attendez jusqu'à demain pour le manger... si vous pouvez résister !

CRÂNE DE TROY

Dans le monde d'Eckmül, il vaut mieux ne pas chercher des mouches aux trolls (ils sont très protecteurs envers leurs mouches), surtout le matin (ils ne sont pas du matin), ou vous pourriez bien vous retrouver le crâne réduit en bouillie par un coup de massue. Le problème, c'est qu'il y a des matins tous les matins…

PRÉPARATION • 15 min

◆ Rincez les fruits à l'eau claire, ne les dévorez pas tous, gardez-en tout de même un peu sous peine d'être privé de dessert. Équeutez-les si nécessaire, coupez les fraises en petits morceaux soigneusement irréguliers, écrasez grossièrement les framboises, pilez les myrtilles, etc., et réservez.

◆ Brisez la meringue avec la délicatesse d'un Hébus et placez les morceaux dans un plat (un casque ou un reste de bouclier…).

◆ Versez 2 larges louchées de chantilly dans un pot, ajoutez ensuite les fruits et mélangez le plus irrégulièrement possible. Versez cette mixture sur les meringues brisées et admirez votre œuvre, semblable à un crâne de pétaure après une discussion avec Teträm.

INGRÉDIENTS • 6 personnes

2 grosses meringues
50 cl de crème Chantilly
500 g d'un mélange de fruits rouges

GROS GÂTEAUX

LES GARENNES DE WATERSHIP DOWN

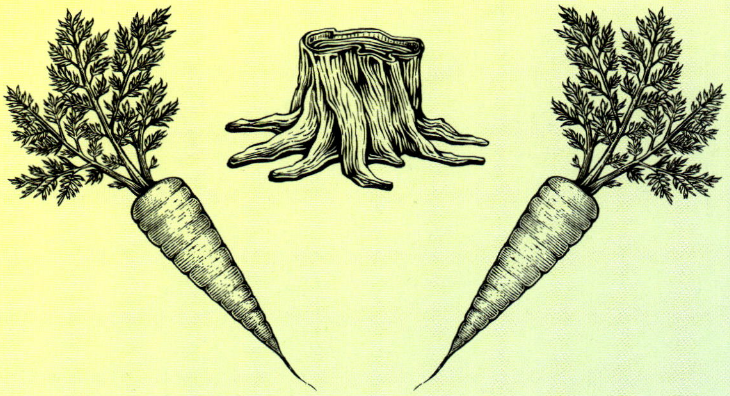

GÂTEAU DE LA GARENNE

Hazel et Fyveer coulent des jours heureux en compagnie de leurs amis, jusqu'au moment où Fyveer, doué de prémonition, « voit » la destruction de leur garenne. Le vaillant petit groupe décide alors de partir au loin afin de trouver un havre où vivre en sécurité. Mais, avant de se mettre en route, il faut prendre des forces. Quoi de mieux pour cela qu'un délicieux gâteau aux carottes douces et juteuses ?

PRÉPARATION • 15 min ◆ CUISSON • 45 min ◆ REPOS • 45 min

◆ Préchauffez le four à 180 °C (th. 6).

◆ Cassez les œufs dans bol, puis battez-les avec le sucre jusqu'à ce que le mélange blanchisse. Versez l'huile, puis la fécule en la tamisant. Une fois que le mélange est bien homogène et sans grumeaux, ajoutez les noix, les carottes, la cannelle et le bicarbonate. Mélangez bien.

◆ Versez dans un moule à cake beurré et fariné (sauf s'il est en silicone), puis enfournez pour 45 minutes, ou jusqu'à ce que la pointe d'un couteau ressorte bien sèche.

◆ Laissez reposer 15 minutes, démoulez et laissez refroidir.

◆ Préparez le glaçage en délayant le sucre glace avec le jus de citron jusqu'à obtenir une texture bien lisse. Versez-la sur-le-champ sur le gâteau, laissez prendre un instant et régalez-vous.

INGRÉDIENTS • 6 personnes

225 g de carottes râpées
175 g de sucre en poudre
100 g de fécule de maïs
50 g de noix concassées
2 œufs
1 cuil. à soupe d'huile de noix
1 cuil. à café de cannelle moulue
1 cuil. à café de bicarbonate de sodium
Farine pour le moule
Beurre pour le moule

Le glaçage
150 g de sucre glace
10 cl de jus de citron

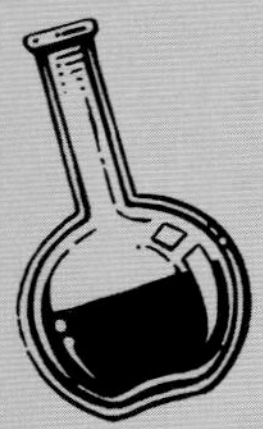

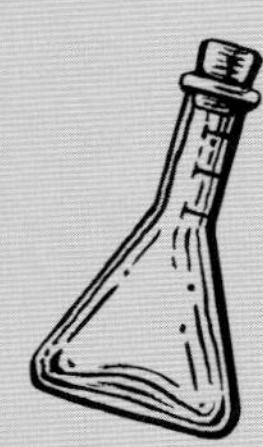

LA TARTE QUI REND HUMBLE

Pour cette tarte, les tantes Hilda et Zelda ne pourront pas grand-chose pour vous, alors il va falloir passer un moment aux fourneaux. Il serait judicieux d'en préparer une pour votre amie Morgan, afin qu'elle trouve un travail et apprenne enfin la valeur de l'argent !

PRÉPARATION • 30 min ◆ CUISSON • 1 h ◆ RÉFRIGÉRATION • 30 min

◆ Réalisez la pâte à crumble : commencez par couper le beurre en dés. Dans un saladier, versez le beurre, le sucre, la farine et la poudre d'amandes. Malaxez du bout des doigts pour bien amalgamer les ingrédients, puis émiettez la pâte obtenue en petites brisures et placez-les au réfrigérateur pour 30 minutes, le temps de réaliser le reste de la recette.

◆ Épluchez, évidez et taillez en dés les pommes et les poires. À l'aide d'un couteau, grattez la moitié de la gousse de vanille pour en récupérer les graines. Dans une casserole, versez les dés de pomme et de poire, ajoutez la vanille et la cannelle. Faites cuire à feu moyen pendant 30 minutes tout en remuant, de manière à faire évaporer l'eau de végétation des fruits et obtenir une compotée.

◆ Préchauffez le four à 180 °C (th. 6).

◆ Étalez la pâte brisée dans un moule à tarte. Tapissez le fond de tarte avec la compotée pommes-poires. Enfournez la tarte pour 20 minutes. Retirez-la et montez la température du four à 210 °C (th. 7). Parsemez le crumble froid sur l'ensemble de la tarte et enfournez de nouveau pour 10 minutes.

INGRÉDIENTS • 6 personnes

1 pâte brisée
120 g de sucre en poudre
100 g de farine
75 g de beurre
50 g de poudre d'amandes
7 pommes
3 poires
1 pincée de cannelle moulue
½ gousse de vanille

BRIOCHE DE KIKI

Il n'est pas toujours facile de se faire une place à la ville. Entre savoir s'intégrer et devenir indépendante, le chemin sera long pour que Kiki trouve une réponse à chacune de ses questions. En attendant, une nouvelle brioche est prête à être livrée, alors on monte sur son balai, et hop !

INGRÉDIENTS • 4 personnes

500 g de farine + un peu pour le plan de travail
70 g de beurre
60 g de sucre en poudre
20 cl de lait
3 œufs (dont 1 pour la dorure)
25 g de levure de boulanger fraîche
1 pincée de sel

PRÉPARATION • 30 min ◆ CUISSON • 35 min ◆ REPOS • 2 h 30

◆ Coupez le beurre en dés et laissez-le à température pour qu'il devienne pommade. Faites tiédir le lait dans une casserole à feu doux ou au four à micro-ondes. Dans un petit verre, délayez la levure de boulanger avec 2 cuillerées à soupe de lait tiède et laissez reposer 10 minutes.

◆ Dans la cuve d'un robot pétrisseur, mettez la farine, le sucre, 2 œufs et le sel. Fixez le pétrin ou la feuille, puis actionnez le robot sur vitesse lente. Ajoutez la levure et versez petit à petit le lait. Continuez de pétrir à vitesse lente pendant 10 minutes. Ajoutez le beurre, passez le robot en vitesse moyenne et continuez de pétrir pendant 5 minutes.

◆ Débarrassez dans un saladier, couvrez d'un linge propre et laissez monter la brioche dans un endroit tiède (au-dessus du four par exemple), pendant 1 h 30.

◆ Farinez le plan de travail et dégazez ensuite la pâte : frappez-la pour chasser l'air qu'elle contient. Séparez la pâte en trois et roulez chaque portion jusqu'à obtenir 3 boudins fins. Réalisez le tressage et reliez les extrémités pour former une belle couronne tressée. Sur une plaque de four recouverte d'une feuille de papier sulfurisé, déposez la couronne, couvrez et replacez l'ensemble dans un endroit tiède pour faire lever à nouveau pendant 30 minutes.

◆ Préchauffez le four à 180 °C (th. 6).

◆ Pendant ce temps, battez l'œuf restant pour réaliser la dorure. À l'aide d'un pinceau, dorez la couronne avant de l'enfourner pour 30 minutes. Laissez refroidir avant de déguster.

QUATRE-QUARTS D'EORZÉA

Si vous voulez déguster le meilleur gâteau d'Eorzéa, ne cherchez plus ! Cette recette provient directement du Nouveau Continent et a convaincu les plus hésitants. Quelques éléments à rassembler, un agrégat d'eau et de feu, et vous n'aurez plus qu'à déguster ce quatre-quarts.

INGRÉDIENTS • 6 personnes

4 œufs
280 g de beurre
250 g de farine
250 g de cassonade
250 g d'ananas
1 sachet de levure chimique
1 citron jaune bio
½ gousse de vanille

PRÉPARATION • 20 min ◆ CUISSON • 45 min

◆ Préchauffez le four à 180 °C (th. 6).

◆ Découpez l'ananas en dés.

◆ Dans une poêle, faites chauffer 20 g de beurre. Quand il devient mousseux, ajoutez les dés d'ananas pour les faire cuire 5 minutes le temps que le jus s'évapore. Laissez reposer hors du feu le temps de réaliser le reste de la recette.

◆ Placez 250 g de beurre dans un bol et faites-le fondre 30 secondes au four à micro-ondes. Si besoin, relancez la cuisson pour quelques secondes : le beurre doit être entièrement fondu. À l'aide d'un couteau, grattez la demi-gousse de vanille pour en récupérer les graines. Lavez le citron, puis, à l'aide d'une râpe, récupérez le zeste de la moitié du fruit.

◆ Dans un saladier, fouettez les œufs avec la cassonade, les graines de vanille et le zeste de citron râpé. Ajoutez le beurre fondu et fouettez de nouveau. Ajoutez, petit à petit, la farine et la levure tout en mélangeant à l'aide du fouet. Ajoutez les dés d'ananas à la préparation et mélangez.

◆ Beurrez un moule à cake en silicone avec 10 g de beurre. Versez la pâte et enfournez pour 40 minutes. Pour vérifier la cuisson, plantez la lame d'un couteau dans le gâteau. Si elle ressort sèche, le gâteau est cuit !

CHAPITRE V

BOISSONS MAGIQUES & POTIONS

DRINK ME

BOISSON « DRINK ME »

Que vous n'ayez pas le bras assez long pour atteindre le champignon de la Chenille bleue ou qu'il vous faille rétrécir afin de ne plus être confondu avec un serpent, buvez et abusez de cette potion… Qui sait quel effet elle pourrait bien avoir sur vous !

INGRÉDIENTS • 4 personnes

40 cl de jus de grenade
100 g de compote de pommes sans sucres ajoutés
2 cuil. à soupe de sirop d'érable
1 gousse de vanille

PRÉPARATION • 5 min

◆ Versez la compote de pommes dans un saladier orné de pâquerettes.

◆ Coupez la gousse de vanille en deux dans le sens de la longueur puis, à l'aide de votre baguette (ou de la pointe d'un couteau), grattez l'intérieur afin d'en récolter les graines.

◆ Ajoutez les graines de vanille à la compote de pommes. Versez ensuite le sirop d'érable, larme après larme, en délayant à la baguette, puis ajoutez le jus de grenade en une vague.

◆ Mélangez trois fois dans le sens des aiguilles du lapin, puis quatre fois dans l'autre sens de celui inverse de l'opposé du contraire.

VÉRITABLE BIÈRAUBEURRE TIÈDE (sans alcool)

La bièraubeurre est née en 1855 en Grande-Bretagne lors de l'invention d'un sirop nommé « butterscotch ». Associée à du soda à la vanille, elle ressemblait tellement à de la bière que l'on surnomma cette boisson butterbeer *(bièraubeurre). Quel que soit l'événement à célébrer dans le monde des sorciers, la bièraubeurre est un incontournable !*

INGRÉDIENTS • 4 personnes

6 cl de sirop de butterscotch (au rayon produits du monde) ou de caramel liquide au beurre
50 cl de lait
Crème fouettée selon votre désir

PRÉPARATION • 5 min ◆ CUISSON • 5 min

◆ Faites tiédir le lait dans un chaudron modèle standard.

◆ Versez le lait dans les chopes, puis ajoutez le sirop en mélangeant doucement.

◆ Ajoutez une montagne de crème fouettée, au gré de votre gourmandise, et dégustez sans attendre.

VÉRITABLE BIÈRAUBEURRE FRAÎCHE (sans alcool)

Servie chaude ou froide, la bièraubeurre fait pétiller vos papilles, regonfle votre moral et vous accompagne jusqu'au bout de la fête dans la salle commune !

INGRÉDIENTS • 4 personnes

6 cl de sirop de butterscotch (au rayon produits du monde) ou de caramel liquide au beurre
50 cl de soda à la vanille (ou de cream soda, sur Internet)
Crème fouettée selon votre désir

PRÉPARATION • 5 min

◆ Versez le sirop de butterscotch dans les chopes, puis le soda à la vanille très frais.

◆ Remuez doucement, surmontez d'une généreuse dose de crème fouettée et savourez.

BOISSON « SUPER GLOU-GLOU »

Si d'aventure vous deviez chercher des renseignements sur des créatures magiques en goguette, dirigez vos pas vers Le Cochon aveugle, vous savez, ce bar qui n'existe pas, dissimulé derrière une affiche au fond d'une impasse. Une fois entré, adoptez l'air détaché d'un habitué des lieux, commandez votre super glou-glou et entamez la discussion avec Gnarlak le patron, gobelin des plus affranchis de New York.

PRÉPARATION • 5 min ◆ **CUISSON** • 10 min ◆ **REPOS** • 15 min

◆ Munissez-vous de votre baguette, poussez la porte dérobée et glissez-vous derrière le bar. Versez le sucre, 12,5 cl d'eau et le colorant, si vous aimez le vert, dans une casserole posée sur feu doux, puis mélangez jusqu'à ce que le sucre ait fondu. Ajoutez ensuite les crocodiles et mélangez encore jusqu'à ce qu'ils soient bien dissous. Ôtez la casserole du feu et laissez refroidir.

◆ Répartissez le sirop dans des verres transparents, versez délicatement l'eau pétillante et parsemez de confettis colorés. Dégustez en toute discrétion avant que le sort protégeant la porte secrète ne s'évapore en révélant l'accès à tous les Moldus...

INGRÉDIENTS • 8 personnes

1 l d'eau pétillante
100 g de sucre en poudre
16 crocodiles de type Haribo®
Quelques gouttes de colorant vert (facultatif)
1 petit pot de confettis multicolores en sucre

RÉGAL DU PROFESSEUR FLITWICK

Lorsque les professeurs de Poudlard désirent s'entretenir en secret, c'est chez Madame Rosmerta à Pré-au-Lard qu'ils tiennent leurs conciliabules. Heureusement, discuter de sinistres prophéties ou de mages noirs ne les empêche pas de déguster leur douceur favorite.

INGRÉDIENTS • 4 personnes

100 g de crème glacée à la vanille
50 cl de soda au cola
4 cuil. à café de sirop de cerise
1 poignée de cerises confites

PRÉPARATION • 5 min

◆ Lancez un sort de Dégoulinade et versez le sirop de cerise dans les verres. Puis diluez-le à l'aide d'un sort de Touille-tout, tout en ajoutant le soda.

◆ Formez 4 boules de glace que vous placerez chacune dans un verre avec la délicatesse d'un Sombral.

◆ Déposez quelques cerises confites au sommet des boules, décorez avec une ombrelle en papier et dégustez avant qu'un élève ne vienne vous espionner.

WASSAÏ DES NOËLS PASSÉS (sans alcool)

Tout droit sortie de la mémoire du fantôme des Noëls passés, voici une recette de wassaï du temps de M. Dickens, telle que la préparait Mme Fezziwig quand Ebenezer Scrooge était encore un jeune homme timide qui n'osait pas inviter sa douce au bal de Noël.

PRÉPARATION • 5 min ◆ **CUISSON** • 15 min ◆ **REPOS** • 10-15 min

◆ Tout en chantonnant des chants de Noël, versez le jus de pomme dans une casserole et faites chauffer à feu doux.

◆ Prélevez les zestes du citron et de l'orange et mettez-les dans la casserole. Diluez ensuite le gingembre et le miel dans le jus de pomme, ajoutez les étoiles d'anis, les bâtons de cannelle, les cerises confites, le clou de girofle et mélangez doucement.

◆ Laissez infuser 10 à 15 minutes, servez bien chaud et faites provision de souvenirs heureux.

INGRÉDIENTS • 6 personnes

1 l de jus de pomme
1 orange bio
1 citron bio
1 poignée de cerises confites
4 cuil. à soupe de miel
2 étoiles d'anis
2 bâtons de cannelle
1 clou de girofle
½ cuil. à café de gingembre en poudre

CHOCOLAT CHAUD DE WILLY WONKA

Concocté spécialement dans la fameuse Salle au chocolat de la chocolaterie de Willy Wonka, il s'agit d'un chocolat mousseux, délicieux, merveilleux, tout droit sorti de l'un des tuyaux aspirant le chocolat de la grande cascade.

INGRÉDIENTS • 6 personnes

1 l de lait
150 g de chocolat noir
Le jus de 2 clémentines
6 cuil. à soupe de miel liquide
1 gousse de vanille
2 bâtons de cannelle
1 cuil. à café de gingembre en poudre
1 flacon de crème Chantilly

PRÉPARATION • 5 min ◆ CUISSON • 15 min

◆ Si vous avez la possibilité de prélever un cruchon du merveilleux chocolat de la cascade Wonka, faites-le ! Dans le cas contraire, procédez ainsi : versez le lait, le miel et le jus de clémentine dans une casserole et laissez chauffer sur feu très doux pour éviter que le lait ne s'échappe.

◆ Brisez le chocolat en morceaux et ajoutez-les au mélange précédent.

◆ Pendant que le chocolat fond, coupez la gousse de vanille dans le sens de la longueur, puis grattez-la avec la pointe d'un couteau afin de recueillir les graines.

◆ Dès que le chocolat est bien fondu, ajoutez les graines de vanille, le gingembre et les bâtons de cannelle dans la casserole et laissez tiédir 10 minutes.

◆ Ôtez les bâtons de cannelle, versez dans les tasses et surmontez d'une très généreuse spirale de crème Chantilly.

ÉLIXIR DE CŒUR DE GOLEM

La magie complexe présente dans le cœur de pierre du Golem a permis à des mages renégats de créer un élixir puissant, qui développe des mutations dans le cerveau du sorceleur qui le consomme. Cet élixir permet d'améliorer sa caractéristique d'intelligence, alors levons nos verres !

PRÉPARATION • 5 min

◆ Dans la partie basse du shaker contenant les glaçons, versez le sirop de framboise, le jus de citron et le jus de canneberge. Refermez et frappez pendant 15 secondes.

◆ Versez dans le verre en filtrant les glaçons grâce à la passoire à cocktail. Complétez avec le ginger ale.

◆ Variante : pour les sorciers avertis, vous pouvez tester la potion avec ces quantités : 4 cl de Cointreau, 2 cl de crème de framboise, 4 cl de jus de canneberge, 6 cl de ginger ale et 2 cl de jus de citron.

INGRÉDIENTS • 1 verre

2 cl de sirop de framboise
4 cl de jus de canneberge
2 cl de jus de citron
10 cl de ginger ale
3 glaçons

VIN DE DUEL (sans alcool et sans poison)

Après avoir défait Inigo, le sorcier d'armes espagnol, au sommet des falaises de la Folie, puis terrassé Fezzik, le formidable colosse amateur de rimes, Westley doit affronter le plus rusé des ennemis : Vizzini le Sicilien. Deux verres de vin et un sachet de poison foudroyant. Lequel des deux verres contient ce poison ? Lequel des deux hommes mourra en buvant en même temps que l'autre ? L'enjeu de ce duel entre Westley et Vizzini n'est autre que la princesse Bouton d'or…

PRÉPARATION • 5 min

Note : cette boisson peut se consommer chaude en hiver et fraîche en été. Elle est en outre parfaite en toute occasion : pique-nique dans les marais de Feu, croisière à bord d'un bateau pirate et même entraînement sportif (escrime, lancer de pierre, attaque de château…) !

◆ Demandez l'aide de Fezzik ou d'un colosse de l'escouade des brutes pour presser les pommes ou pour ouvrir le flacon. Ne vous répandez pas en explications vaines : il suffit de le lui demander en rimes et avec gentillesse.

◆ Recueillez ensuite ce jus et, dans une terrine gracieusement « prêtée » par l'Albinos, mélangez-le à la même quantité de jus de sureau.

◆ Remuez doucement, puis versez dans des coupes et ajoutez le miel selon le goût de chacun.

INGRÉDIENTS • 6 personnes

50 cl de jus de pommes
50 cl de jus de sureau
6 cuil. à soupe de miel de prairie

SUBSTITUT DE SANG VAMPIRIQUE

Extrait du journal du professeur James Moriarty : « Mes recherches sur les propriétés du sang de Mina Harker semblent avoir abouti : un substitut synthétique à son sang vampirique est possible. Les résultats sont impressionnants : la totalité des caractéristiques vampiriques est présente. La durée des effets reste cependant encore incertaine… » Ce sérum permettrait-il, comme le véritable sang de Mina, de transformer le Dr Jekyll en Mr Hyde ? C'est à vous de voir…

INGRÉDIENTS • 6 personnes

50 cl de jus de canneberge
50 cl de jus de grenade
6 cuil. à soupe de sirop de mûre
Le jus de 2 citrons
1 pot de compote de framboises

PRÉPARATION • 5 min ◆ REPOS • 15 min

Note du professeur : Les effets semblent accentués lorsque la préparation s'effectue par une nuit de pleine lune.

◆ Déposez la compote de framboises en lit très égal au fond de votre flacon. Ajoutez le sirop de mûre en le faisant lentement couler le long des parois.

◆ Versez la moitié du jus de canneberge, puis la totalité du jus de grenade et le reste du jus de canneberge. Filtrez le jus de citron au goutte-à-goutte.

◆ Remuez dans le sens de Coriolis pour l'hémisphère Nord, le contraire dans l'hémisphère Sud. Exposez 15 minutes à la lumière de la lune et conservez au frais.

POTION DE TRANSFORMATION DU DR JEKYLL

Extrait du journal du professeur James Moriarty : « Il semblerait que la substance obtenue soit stable dans des conditions ordinaires… Cependant, plusieurs paramètres sont à même d'en modifier les effets : parmi eux, une atmosphère agitée, de même que l'exposition à la lumière d'une lune pleine et non voilée de nuages… »

PRÉPARATION • 5 min

◆ Dans le calme sépulcral du laboratoire secret, mesurez avec soin les différentes quantités requises. D'une main assurée, versez dans un verre à expérience les larmes de sang (sirop de cerise), puis prélevez à l'aide d'une pipette graduée (type seringue de Doliprane®) la décoction d'angoisse absolue (jus d'orange) que l'on fera couler en un mince filet le long des parois du verre.

◆ Procédez de manière identique pour le jus d'ubull (jus de pomme), les espoirs déçus (jus de pêche) et l'eau bleue.

◆ Les strates aux couleurs vives doivent rester très nettes jusqu'au moment de la première gorgée. Le liquide mélangé prend ensuite la couleur du fond de l'âme de celui ou celle qui le boit.

INGRÉDIENTS • 4 personnes

15 cl d'eau bleue (boisson de récupération sportive bleue, au rayon « eau »)
10 cl de larmes de sang (ou de sirop de cerise)
10 cl de jus d'ubull (ou de jus de pomme)
10 cl d'espoirs déçus (ou de jus de pêche)
5 cl d'une décoction d'angoisse absolue (ou de jus d'orange)

CORDIAL DE LUCY PEVENSIE

Cadeau de Noël d'Aslan à Lucy dans L'Armoire magique, *ce cordial « ravive le cœur et l'esprit » dans les moments difficiles. Il en est fait grand usage avant, pendant et après la bataille du gué de Beruna lorsque le Grand Lion et ses amis Peter, Susan, Edmond et Lucy Pevensie affrontent la Sorcière Blanche.*

INGRÉDIENTS • 4 personnes

4 clémentines bio
2 oranges bio
1 orange sanguine bio
1 pamplemousse rose bio
1 citron jaune bio
4 cuil. à soupe de miel doux et liquide

PRÉPARATION • 10 min ◆ CUISSON • 10 min

◆ Alors que faiblit la magie de la Sorcière Blanche et que le dégel arrive, versez 50 cl d'eau cristalline dans une casserole posée sur feu vif et portez à ébullition.

◆ Pressez fermement les agrumes sous vos paumes et faites-les rouler. Coupez-les ensuite en deux et extrayez tous les jus que vous recueillerez dans une grande jatte.

◆ Prélevez 4 zestes sur chaque écorce de fruit (un pour chaque saison), déposez-les dans la casserole d'eau, laissez-les cuire 5 minutes, puis égouttez-les.

◆ Ajoutez le miel au jus d'agrumes et lorsqu'il est bien dissous, ajoutez les zestes et mélangez encore. À boire chaud, tiède ou froid dès que le besoin s'en fait sentir.

LAIT CHAUD POUR SOIRÉE CANAPÉ

Lorsque Jake pénètre pour la première fois dans l'orphelinat que tient Miss Peregrine, il est invité à souper avec des résidents… un peu particuliers. Et quoi de mieux pour faire connaissance qu'une projection de rêves prémonitoires, en étant confortablement lové dans les canapés du salon à déguster un lait chaud aux marshmallows fumants…

PRÉPARATION • 5 min ◆ **CUISSON** • 10 min

◆ Versez le lait d'amande dans une casserole posée sur feu doux.

◆ Découpez les marshmallows en petits dés, puis ajoutez-les au lait et faites-les fondre pendant 10 minutes en remuant doucement.

◆ Ôtez la casserole du feu et mixez avec un pied à soupe jusqu'à ce que le mélange soit homogène, mousseux et gourmand.

◆ Versez le lait chaud dans de grands verres, ajoutez des cerises confites et dégustez enveloppé dans une couverture douillette.

INGRÉDIENTS • 4 personnes

50 cl de lait d'amande
60 g de marshmallows à la vanille
60 g de cerises confites

DE VALMY

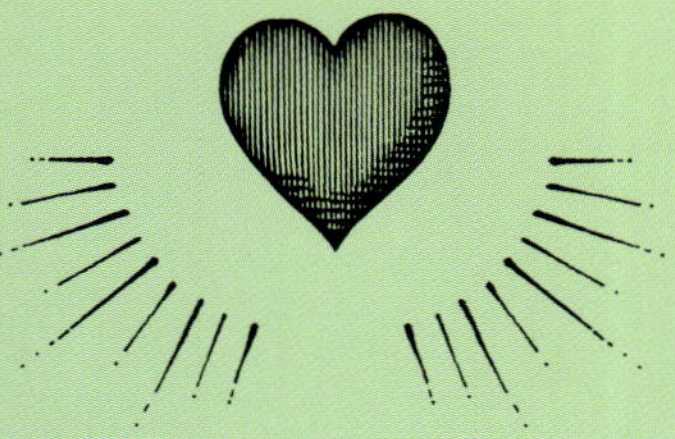

MILKSHAKE DE SHREK

Si, comme Shrek, votre meilleur ami est un âne bavard amoureux d'une dragonne fleur bleue, votre beau-père, un batracien ou votre bien-aimé marais, envahi de créatures magiques, un grand verre de ce milkshake vous aidera à affronter la journée !

INGRÉDIENTS • 4 personnes

50 cl de lait
500 g de melon d'eau
3 avocats
1 citron
2 cuil. à soupe de miel liquide
1 poignée de vers bonbons de type Haribo®

PRÉPARATION • 10 min

◆ Pelez les avocats et ôtez leur noyau. Pelez le melon d'eau et enlevez les pépins si besoin. Pilez, écrasez, aplatissez, écrabouillez et pulvérisez les fruits jusqu'à ce que tout soit réduit en bouillie.

◆ Pressez le citron entre vos mains puissantes et extrayez son jus jusqu'à la dernière goutte.

◆ Versez alors le mélange de fruits dans un saladier (ou dans un blender) et mixez à l'aide d'un pied à soupe tout en ajoutant le lait et le jus de citron.

◆ Goûtez, ajoutez du miel selon votre humeur du jour et déposez un ver sur le rebord de chaque verre. Buvez, poussez un grognement ogresque et partez à l'aventure.

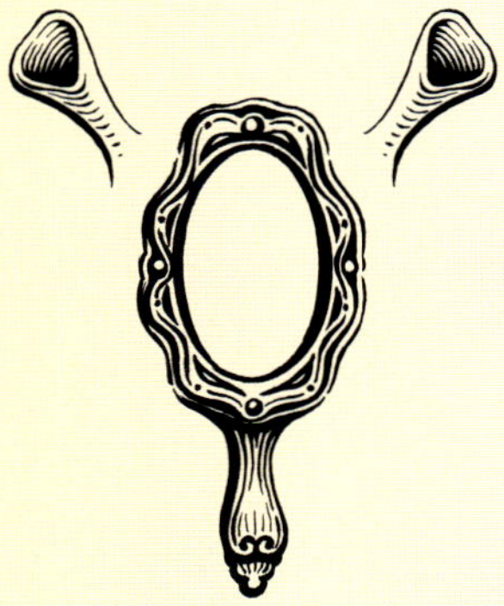

PIÑA COLADA DE FIONA

Confinée dans sa tour, la princesse Fiona se languit de celui qui viendra briser l'enchantement la retenant prisonnière. Pour tromper son attente, elle s'adonne à la pratique des arts martiaux tout en dégustant des piña colada qui, selon le Miroir magique, sont complètement « holàlà ».

PRÉPARATION • 5 min

◆ Par une nuit de lune pleine et immaculée, mélangez dans une jatte le jus d'ananas et le lait de coco.

◆ Versez le sirop de canne et mélangez tout en admirant l'astre à la lucarne,

◆ Tout en chantant, découpez les fruits en autant de convives.

◆ Répartissez enfin la boisson dans les verres et piquez les fruits à l'équerre. Buvez alors en bonne compagnie, et ce jusqu'à ce que l'aube achève la nuit.

INGRÉDIENTS • 4 personnes

80 cl de jus d'ananas
20 cl de lait de coco
8 cuil. à soupe de sirop de sucre de canne
6 cerises confites
2 tranches d'ananas frais ou au sirop

LAIT ANTI-VAMPIRES

Sachez-le, les vampires détestent la verveine. C'est pourquoi, avant de vous glisser dans votre lit douillet, usez de cette potion qui vous protégera de Damon, Katherine et de leurs amis qui lorgnent votre délicate carotide…

INGRÉDIENTS • 4 personnes

50 cl de lait
1 poignée de feuilles d'herbe de Vénus (ou 1 sachet de tisane à la verveine)
2 feuilles d'herbe des Rois (basilic)
1 branche de céleri
4 filets de miel

PRÉPARATION • 5 min ◆ CUISSON • 5 min ◆ REPOS • 10 min

◆ Alors que le soleil se couche à l'horizon et que le brouillard s'étend autour de vous, faites tiédir le lait dans une casserole posée sur feu doux.

◆ Effilez la branche de céleri et coupez-la en autant de bâtons qu'il y a de personnes à protéger autour de vous.

◆ Rincez les feuilles d'herbe des Rois et d'herbe de Vénus, puis ajoutez-les au lait et laissez infuser 10 minutes.

◆ Filtrez avant de verser dans les tasses. Ajoutez le miel et laissez chacun touiller à l'aide de son bâtonnet de céleri. Buvez et laissez-vous emporter par le sommeil.

NICOLAS FLAMEL

EAU DE JOUVENCE POUR SORCIER ENRHUMÉ

Nicolas Flamel est devenu fort célèbre après avoir percé les mystères de la pierre philosophale permettant de transformer le plomb en or. Mais son secret le mieux gardé, le secret que personne n'a jamais soupçonné, est celui de son eau de jouvence… Pensez donc… Vivre depuis le XIVe siècle sans un seul rhume !

INGRÉDIENTS • 1 flacon

1 citron
1 cuil. à soupe de votre miel favori
1 bâton de cannelle
1 cm de gingembre frais

PRÉPARATION • 5 min ◆ CUISSON • 15 min

◆ Épluchez le gingembre, puis coupez-le en lamelles grossières.

◆ Faites tiédir 50 cl d'eau dans un petit chaudron, le temps d'extraire le jus du citron.

◆ Mélangez ensuite l'eau, le jus de citron, le gingembre, la cannelle et le miel. Laissez infuser 15 minutes à feu bien chaud mais sans jamais porter à ébullition.

◆ Filtrez, mettez en bouteille, puis au frais ou bien réduisez le feu et buvez tiède tout au long d'une journée enrhumée.

« VERRE DE LAIT » DU GRINCH

Alors que la neige tombe paisiblement sur Chouville et qu'au loin résonnent les doux échos des chants de Noël entonnés la joie au cœur, réagissez tel le Grinch : claquez la porte, fermez les volets et barricadez-vous loin de ces écœurantes mièvreries guimauveuses en ronchonnant tout seul dans votre fauteuil glacé avec votre verre à la main.

PRÉPARATION • 5 min

◆ Enfilez votre robe de chambre la plus élimée et vos pantoufles les plus éculées afin de vous trouver dans le bon état d'esprit pour peler et découper grossièrement le kiwi et pour presser, presser et presser encore les citrons jusqu'à ce qu'ils ne contiennent plus une seule goutte de jus.

◆ Après avoir soigneusement vérifié qu'aucun chanteur de Noël n'est à proximité, entrouvrez la fenêtre et récupérez vite la bouteille de limonade que vous aviez mise à refroidir dans la neige.

◆ Mettez les morceaux de kiwi dans le bol d'un robot ou d'un blender, mixez, transvasez dans un verre, puis versez petit à petit le jus de citron et la limonade. Goûtez. Si le mélange est aussi acide que votre humeur, ajoutez un peu de sucre ; s'il n'est pas assez frais à votre goût, allez chercher une poignée de neige. Buvez en boudant tout seul dans votre coin.

INGRÉDIENTS • 1 flacon

1 bouteille de limonade
2 citrons
1 kiwi
Sucre en poudre selon votre humeur

INDEX

Retrouvez tous les univers et les renvois aux recettes correspondantes dans le « Who's who des sorciers » page 6.

BIBLIO DES SORCIERS

SORCIERS DE PAPIER :

• ADAMS, Richard, *Watership Down*, Monsieur Toussaint Louverture, 2016
• ARLESTON, Christophe, Série B.D. *Trolls de Troy*, Jean-Louis Mourier, Soleil, depuis 1997
• BARRIE, James Matthew, *Peter Pan*, trad.Stéphane Labbe, École des Loisirs, 2013
• CARROLL, Lewis, *Alice au pays des merveilles*, trad. Jacques Papy, ill. John Tenniel, Gallimard Jeunesse, coll. « Grand format littérature », 1996
• COHEN, C., HADDAD, Y., SOLDI, D., *50 contes et histoires enchantées*, Compagnie Internationale du Livre, 1980
• COLLECTIF, *Contes et Légendes de Brocéliande*, Terre de Brume, 2000
• DAHL, Roald, *Charlie et la chocolaterie*, Ill. Quentin Blake, trad. Elisabeth Gaspar, Gallimard, coll. « Folio Junior », 2005
• DICKENS, Charles, *Contes de Noël*, Lattès, 1988
• GAIMAN, Niel, *Stardust*, Au diable Vauvert, 2007
• METTRA, Claude, *La Chanson des Nibelungen*, Albin Michel, 1984
• *Miss Peregrine et les Enfants particuliers*, Ransom Riggs, trad. Sidonie Van Den Dries, Bayard, 2012
• NOSTRADAMUS, *Des confitures*, adaptation Fabrice Guérin, Olivier Orban, 1981
• ROWLING, J.K., *Les Animaux Fantastiques : le texte du film*, trad. Jean-François Ménard, Gallimard Jeunesse, 2001.
• SEUSS, Dr, *Comment le Grinch a volé Noël*, trad. Stephen Carrière, Le nouvel Attila, 2016
• SHAKESPEARE, William, *Macbeth*, trad. Yves Bonnefoy, Folio, 2016
• STEIG, William, *Shrek et autres histoires fabuleuses*, trad. Michelle Nickly et Catherine Deloraine, Gallimard jeunesse, 2017

LA TERRE DU MILIEU :

• TOLKIEN, J.R.R., *Bilbo le Hobbit*, Le Livre de Poche, 1980
• TOLKIEN, J.R.R., *Le Seigneur des Anneaux, tome 1 La Communauté de l'Anneau*, Presse Pocket, 1986
• TOLKIEN, J.R.R., *Le Seigneur des Anneaux, tome 2 : Les Deux Tours*, Presse Pocket, 1991
• TOLKIEN, J.R.R., *Le Seigneur des Anneaux, tome 3 : Le Retour du Roi*, Presse Pocket, 1991

SÉRIE HARRY POTTER :

• ROWLING, J.K., *Harry Potter à l'Ecole des Sorciers*, trad. Jean-François Ménard, Gallimard, 1999
• ROWLING, J.K., *Harry Potter et la Chambre des Secrets*, trad. Jean-François Ménard, Gallimard, 1999
• ROWLING, J.K., *Harry Potter et la Prisonnier d'Azkaban*, trad. Jean-François Ménard, Gallimard, 1999
• ROWLING, J.K., *Harry Potter et la Coupe de Feu*, trad. Jean-François Ménard, Gallimard, 2000
• ROWLING, J.K., *Harry Potter et l'Ordre du Phœnix*, trad. Jean-François Ménard, Gallimard, 2003
• ROWLING, J.K., *Harry Potter et le Prince deSang-Mêlé*, trad. Jean-François Ménard, Gallimard, 2005
• ROWLING, J.K., *Harry Potter et les Reliques de la Mort*, trad. Jean-François Ménard, Gallimard, 2007

SÉRIE LES CHRONIQUES DE NARNIA :

• LEWIS, C.S., *Le Neveu du Magicien*, Gallimard Jeunesse, coll. Folio Junior, 2001
• LEWIS, C.S., *L'Armoire Magique*, Flammarion, coll. Bibliothèque du Chat Perché, 1980
• LEWIS, C.S., *Le Prince Caspian*, Flammarion, coll. Castor Poche, 1993
• LEWIS, C.S., *Le Cheval et son Écuyer*, Gallimard Jeunesse, coll. Folio Junior, 2001
• LEWIS, C.S., *Le Voyage des Passeurs d'Aurore*, Flammarion, coll. Bibliothèque du Chat Perché, 1983
• LEWIS, C.S., *Le Fauteuil d'Argent*, Flammarion, Bibliothèque du Chat Perché, 1984
• LEWIS, C.S., *La Dernière Bataille*, Gallimard Jeunesse, coll. Folio Junior, 2002

SÉRIE COEUR D'ENCRE :

• FUNKE, Cornélia, *Coeur d'Encre*, trad. Marie-Claude Auger, Folio Junior, 2010
• FUNKE, Cornélia, *Sang d'Encre*, trad. Marie-Claude Auger, Folio Junior, 2010
• FUNKE, Cornélia, *Mort d'Encre*, trad. Marie-Claude Auger, Folio Junior, 2011

SÉRIE ERAGON :

• PAOLINI, Christopher, *Eragon*, trad. Bertrand Ferrier, Bayard jeunesse, 2004
• PAOLINI, Christopher, *L'Aîné*, trad. Marie-Hélène Delval, Bayard jeunesse, 2005
• PAOLINI, Christopher, *Brisingr*, trad. Danièle Laruelle, Bayard jeunesse, 2009
• PAOLINI, Christopher, *L'Héritage*, trad. Anne Delcourt et Marie-Hélène Delval, Bayard jeunesse, 2012

SÉRIE TWILGHT :

• MEYER, Stephenie, *Fascination (Twilight)*, Hachette, 2005
• MEYER, Stephenie, *Tentation (New Moon)*, trad., Hachette, 2007
• MEYER, Stephenie, *Hésitation (Eclipse)*, Hachette, 2008
• MEYER, Stephenie, *Révélation (Breaking Dawn)*, Hachette, 2008

SORCIERS SUR ÉCRANS PETITS ET GRANDS :

• YATES, David, (réalisateur), *Les Animaux Fantastiques*, Warner Bros, 2016
• REITMAN, Ivan, (réalisateur), *Ghostbusters*, Columbia Pictures, 1984
• REITMAN, Ivan, (réalisateur), *Ghostbusters 2*, Columbia Pictures, 1989
• FEIG, Paul, (réalisateur), *Ghostbusters 3*, Sony Pictures Entertainment, 2016
• DANTE, Joe, (réalisateur), *Gremlins*, Amblin Entertainment, Warner Bros, 1984
• DANTE, Joe, (réalisateur), *Gremlins 2*, Amblin Entertainment, Warner Bros, 1989
• ASTIER Alexandre, GUÉRIN, François, (réalisateurs), *Kaamelott*, Calt, 2004 à 2009 ; film en cours de tournage
• MIYAZAKI, Hayao, (réalisateur), *Kiki la petite sorcière*, Studio Ghibli, 1989
• SCOTT, Ridley, (réalisateur), *Legend*, 20th Century Fox, Universal Pictures, 1985
• NORRINGTON, Stephen, (réalisateur), *La Ligue des gentlemen extraordinaires* (The League of Extraordinary Gentlemen), 20th Century Fox, 2003
• BURTON, Tim, (réalisateur), *Miss Peregrine et les enfants particuliers*, Tim Burton Productions, 2016
• REINER, Rob, (réalisateur), *Princess Bride*, 20th Fox, 1987
• VAUGHN, Matthew, (réalisateur), *Stardust*, Paramount Pictures, 2007
• HOWARD, Ron, (réalisateur), *The Grinch*, Universal Pictures, 2000
• Série *Pirates des Caraïbes*, Walt Disney Imagineering, 2003 à 2017
• Série *Shrek*, Dream Works SKG, 2001 à 2010
• BURGE, Constance M., (scénariste), Série *Charmed*, Aaron Spelling, 1998 à 2006, 2018
• SCOVELL, Nell, (créatrice), Série *Sabrina l'apprentie sorcière*, Viacom Production, 1996 à 2003
• DUFFER, Matt, DUFFER, Ross, Série *Stranger Things*, Netflix, depuis 2016
• PLEC, Julie, WILLIAMSON, Kevin, Série *Vampire Diaries*, Warners Bros Television, CBS Television Studios, 2011 à 2017

JEUX DE SORCIERS :

• *Donjons & Dragons*, Tactical Studies Rules et Wizards of the Coast, 1974 à 2016
• *Baldur's Gate, Tales of the Sword Coast*, Icewind DaleBioWare et Black Isle Studios, 1998 à 2012
• GARFIELD, Richard, *Magic : l'Assemblée (Magic : the Gathering)*, Wizards of the Coast, 1993
• SAKAGUCHI, *Hironobu, Final Fantasy*, Square Enix, 1987 à 2018
• SAPKOWSKI, Andrzej, *The Witcher*, Atari, 2007 à 2015

SORCIERS EN MUSIQUE :

• WAGNER, Richard, *L'Anneau du Nibelung*, Nordwestdeutche Philarmonic dirigé par Daniel Klajner, Coviello Classics, 2014
• TCHAÏKOVSKI, Peter Ilyich, *Casse Noisette*, London Symphony Orchestra dirigé par Richard Bonynge, Decca, 1995
• TEMPERTON, Rod, *Thriller*, interprète : Michael Jackson, Quincy Jones, Epic Record, 1982

TEMPÉRATURES DU FOUR

Thermostat	Degrés Celcius	Degrés Fahrenheit
Th. 1	30 ° C	85 ° F
Th. 2	60 ° C	140 ° F
Th. 3	90 ° C	190 ° F
Th. 4	120 ° C	250 ° F
Th. 5	150 ° C	300 ° F
Th. 6	180 ° C	350 ° F
Th. 7	210 ° C	410 ° F
Th. 8	240 ° C	460 ° F
Th. 9	270 ° C	520 ° F

CORRESPONDANCES DES LIQUIDES

ml	fl. oz	cup	c.à soupe	c. à café
30	1	1/8	2	96
118	4	1/2	8	48
237	8	1	16	24
473	16 (1 lb)	2	32	6

ÉQUIVALENCES ML EN CUP

ml	cup
118	1/2
158	2/3
177	3/4
237	1
59	1/4= 4 c.à soupe

ÉQUIVALENCES GRAMMES EN OUNCES

grammes	ounce (oz)
28	1
112	4
225	8
454	16 = 1 livre (lb)
79	1/3

Directeur éditorial : Didier Férat

Édition : Marjorie Goussu

Relecture : Lucia Di Bisceglie

Correction : Sylvie Gauthier

Création graphique, illustrations & mise en page :

MOSHI MOSHI Studio (Amélie du Petit Thouars et Éloïse de Guglielmo)

Fabrication : Laurence Duboscq

Photogravure : Point 11

ISBN : 978-2-263-15478-2

Code éditeur : S15478 p/05

Dépôt légal : octobre 2018

Imprimé en Chine par Toppan.